AF261939

PASSE-TEMPS

DE

Prosper-Marie GEFFROY

Docteur en Médecine,

Ancien Membre du Conseil d'Hygiène

de l'arrondissement de Morlaix.

PREMIER FASCICULE

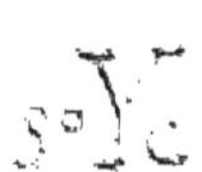

MORLAIX

IMPRIMERIE A. CHEVALIER, 11, RUE DE BREST

—

1881

BAPTÊME DE LITTRÉ

Anges du Paradis, prêtez-moi votre lyre,
Et que, sous mes doigts frémissants,
Dans l'aimable transport d'un céleste délire,
J'en tire des sons ravissants.
Au centre de la pauvre France,
Qui, du vrai Dieu, va s'éloignant,
Un fait, palpitant d'espérance,
A consolé tout vrai croyant.

L'inconscient Littré dont la vaste science
Emerveillait tant les esprits,
A, d'un catéchumène, embrassé l'innocence,
Et désavoué ses écrits.
Paris a pu voir son baptême
Et l'annoncer à l'univers :
C'est plein d'espoir en Jésus même,
Qu'il livrait sa dépouille aux vers.

Dans ces temps où l'erreur, contre toute évidence,
Semble aveugler la nation,
Quel exemple frappant donne la Providence
De sa puissance en action !
Littré, perdu dans la matiére,
S'acheminait vers le tombeau,
Quand, abjurant sa vie entière,
Il suit le Christ et son flambeau !

O Littré, ton entrée au giron de l'Eglise,
Fut un fruit de sincérité ;
Mais le grand orient, dépourvu de franchise,
Ferme l'œil à la vérité :
En vain sa lumière immortelle,
Comme un soleil, brille à nos yeux ;
Constant dans sa haine mortelle,
Il fait la guerre au Roi des Cieux.

Maçon, je t'en adjure, au nom de la patrie,
Renonce à d'insensés complots,
Et, loin de provoquer le peuple à la furie,

Aidé du Christ, romps-en les flots.
D'une doctrine incomparable,
Jésus dota l'humanité :
Que sa morale est admirable
Et prouve sa divinitè !

Littré le méconnut pendant sa vie entière,
Et, bien que docte et réputé,
Il n'ouvrait cependant les yeux à la lumière
Qu'en face de l'éternité.
Que son exemple salutaire
Réveille en nous le sens pieux
Et nous éloigne de Voltaire,
Mort en jetant l'ordure aux cieux !

Si j'osais, du Seigneur, me faire l'interprête,
Pourrais-je pas. non sans raison,
Voir une âme, en Littré, droite, candide et prête
A recevoir l'impression
De la Grâce surnaturelle?
Voltaire, lui, fit, de sang-froid,
La guerre la plus criminelle
A l'Homme-Dieu mort sur la croix.

Voltaire, envers le ciel, de noire ingratitude,
Se vit comblé de ses bienfaits.
Egarer les mortels fut sa triste habitude :
Il ne s'en départit jamais.
Fourbe, moqueur et sacrilége,
Il se fit un jeu de mentir :
Le doute est l'exécrable piége
Qu'il employa pour pervertir.

L'univers cependant proclame l'existence
D'un Architecte Souverain
De qui la merveilleuse et haute intelligence
Eclate dans le moindre grain.
Qui fit les splendeurs de l'aurore,
Qui régla le concert des cieux,
Sinon celui que l'homme adore,
Plein d'un émoi délicieux?

O Voltaire, ils ont beau célébrer ton génie,
Tu ne fus qu'un vil imposteur
En qui l'orgueil fit naître et maintint la manie
D'insulter au vrai Rédempteur.
Oh ! que Littré s'est montré sage
En confessant la vérité :
La vie est courte et son passage
Nous conduit à l'éternité.

Désormais, radieux et bien digne d'envie,
Au sein de la Divinité,
Il goûte les douceurs de l'éternelle vie,
Où tout resplendit de clarté.
Là la science est sans nuage ;
Car, plein d'amour pour les élus,
Dieu leur dévoile son visage
Et ses plus secrètes Vertus.

O vous que son départ a remplis de tristesse,
Et qui, sur lui, versez des pleurs,
Sachez qu'il est aux cieux où règne l'alégresse
Et qu'il a cessé ses douleurs.
La foi, l'amour et l'espérance,
Sublime don fait au chrétien,
Lui vont procurant l'assurance
D'aller vers le Souverain Bien.

Loin donc de murmurer contre la Providence
Qui vous a ravi ce trésor,
Convenez avec moi, que sa haute prudence
Voulut vous l'assurer encor.
La vie est chose passagère
Et chacun la quitte à son tour :
La foi, céleste messagère,
Tous nous convie au ciel un jour.

Littré, le bon Littré, dans l'humaine science,
Peut-être allait s'ensevelir,
S'il eût, sans votre appui, terminé l'existence
Qu'il usait à tout recueillir :
La Miséricorde divine

Fait preuve de haute faveur
Envers celui qu'elle achemine
Vers l'héritage du Sauveur.

Un jour, dans les splendeurs de la cité céleste,
Nous rejoindrons l'être chéri
Dont ici la dépouille uniquement nous reste
Sous un pieux et saint abri.
Là, dans la cendre et le silence,
Prions pour l'âme de Littré
Que la Souveraine Clémence,
D'erreur, à temps, a retiré.

P. S. — Littré recevait le baptême
A l'âge de quatre-vingts ans
Et, dans les bras du Christ lui-même,
Résignait ses derniers instans.
Quel grand triomphe, ô catholique,
Pour la sainte religion :
Mais que de fureur diabolique,
Il inspirait au franc-maçon !

ARRÊT MAÇONNIQUE

Aux yeux du sublime Orient,
Qui gouverne aujourd'hui la France,
Huvelin doit, dans la Durance,
S'aller noyer incontinent,
Et, de son affreux ministère;
Débarrasser ainsi la terre.
Coupable en quoi s'est-il montré ?
Il a rendu chrétien Littré.

L'ASPERGÈS DE RENAN

Entre le diable et tout maçon
Apprenez quelle est la distance :
Dans l'eau bénite, l'un, dit-on,

En vrai damné, rugit et danse ;
Rien qu'à l'aspect d'un goupillon,
L'autre se sent pris de furie
Et pis qu'un âne brait et crie.

A M. DELATTRE, CHIRURGIEN

Invoquons la chaste Lucine,
Rude déesse qui fascine
Et sur la brèche fait aller
Comme un coq-maître au poulailler
Quand il lui faut une poularde
Qu'avec soin, de fin lard, il barde,
Pour en mieux concentrer le jus
Meilleur cent fois que tout verjus.

Si les fatigues du voyage
N'étonnent pas votre courage,
Ici, soyez le bienvenu ;
Car je suis enfin parvenu
A bien remettre à flot ma barque,
Et haut je crie : arrière, ô parque.

Je me souviens que l'an passé
Certain voyage assez pressé
M'emporta loin du domicile
Qu'égayait votre humeur facile.
Là, loin des pédants et des sots,
On se permet quelques bons mots
Payés, sur l'heure, d'un sourire,
Et parfois même d'un franc rire.
Du coq-à-l'âne on peut aller,
Et, sur Pégase, s'envoler,
Ou tenir des discours pédestres,
Sans faire ombrage aux ambidextres,
Qui, des deux mains, font, bel et beau,
Merveilleux emploi du couteau :
Mais, sauf respect, bien pitoyable

Est, à mon sens, tout pauvre diable
Que l'imprudence ou le hasard
Rend tributaire de leur art.

Ce dit, j'en viens à notre table
D'une frugalité notable :
Loin ces mets fins et délicats,
Qui, rangés sur nombre de plats,
Vous vont excitant sans mesure
Et donnent prise à la censure.

Qu'y font ces petits pieds dodus,
Farcis de graisse et pourfendus ?
Pourquoi, de veau, cette cervelle,
Cette langue à sauce nouvelle,
Ces saucissons noirs, enfumés,
Qu'andouilles nous avons nommés ?
Et cette formidable hure ;
Et ce chevreuil, tendre nature,
Qu'un impitoyable chasseur,
Tuait nonobstant sa douceur ?
Et combien j'en omets encore,
Qui feraient frémir Pythagore !

Si, pour la quatrième fois,
Le ciel lui redonnait la voix,
Que dirait-il de ces temps-ci
Où nul animal n'a merci ?
On fait lapereau d'une chatte ;
A grenouille on tord cuisse et patte ;
Le pot au feu voit le corbeau
Fournir un consommé nouveau ;
Oui, l'on boira bouillon de chausses.
Quoi ne se met à toutes sauces ?
Mâle ou femelle, on grille un rat,
Qu'on sert, non sans quelque apparat.

Arrière, affreux art culinaire,
Qui, d'un forcené Lacenaire,
Surpasses les sombres exploits,
Et, digne du courroux des lois,

Compromets la santé publique
Par ta science diabolique !

En vain la Providence a soin
De fournir, à notre besoin,
Une excellente nourriture
Que nous prodigue la nature :
Tel est le pain si savoureux ;
Le lait qui jaillit écumeux
Du pis qu'une Amarylle presse
Avec une rustique adresse ;
Le veau, le bœuf et le mouton,
La poule encor, le canneton,
Et la perdrix et la bécasse,
Et le chevreau, quand vient la chasse ;
Et ce qu'on pêche au sein des eaux
Avec la ligne et les réseaux :
Mais l'homme enfin, de tout, se lasse,
Et, quoi que la nature fasse,
En sa largesse et sa bonté,
L'homme en vient à satiété.

Naissent alors ces goûts étranges
Qui, de citrons, font des oranges,
Et changent en dessert exquis
Les fromages les mieux pourris
Où les vers et la moisissure
Font le tout presque avec usure.

Ne craignez rien de tel chez nous :
Le vin ne sera sûr ni doux,
Mais comme le donne la vigne
Que, devers Bordeaux, l'on provigne.
Non écrémé, fraichement trait,
Tout naturel sera le lait.
Nos jardins fourniront la fraise.
Succulent et flambé sur braise,
Le filet viendra d'un taureau
Engraissé par le renouveau.

Le cognac étant introuvable,
J'entends le vrai, le délectable.

On humera de l'armagnac
Et peut-être on fera lic lac.

Comme vous connaissez votre hôte,
Pas n'est besoin que je le note :
Charmé du plaisir de vous voir,
Il usera du gai savoir,
Et, plus agace que les pies,
Là laissera ses rêveries
Pour vous exprimer bonnement
Sa joie et son contentement.

P. S. — Venez, en dépit de Lucine,
Voir notre course chevaline :
Et puissé-je, de mon côté,
Jouir d'entière liberté.
Mon fils Prosper et dame Angèle,
Notre cordon d'un bleu modèle,
Tous deux, à moi, vont s'unissant
Pour rendre l'appel plus pressant.
Dieu vous ait en sa sainte garde :
Heureux celui qu'il sauvegarde !

A UN FLATTEUR

Je viens à vous, confus du parfum et des fleurs
Que vous daignez prêter à mes humbles labeurs ;
Mais, comme vous savez, j'habite le Parnasse
Et, furieux rimeur, je suis de cette race,
Revêche, difficile et se plaignant du sort
Qu'elle accuse toujours à travers comme à tort.
Donc j'eusse mieux aimé voir en vous Aristargue,
De mes défauts nombreux, me faisant sage marque :
C'est ainsi qu'autrefois, chez son intime ami,
Boileau blâmait la faute en utile ennemi.
M'est avis qu'un flatteur vaut moins qu'un bon critique ;
L'un invite au sommeil ; au vif, l'autre vous pique,
Et, surveillant vos pas dès qu'il vous voit marcher,
Il vous contraint souvent à ne pas trébucher.

La gloire, j'en conviens, n'est que pure fumée :
Elle a du bon pourtant : l'âme en est animée
Et, pleine de vaillance, elle vole au combat,
Où l'obstacle apporté, devant elle, s'abat.
La louange, l'envie et le blâme sévère,
Tout lui tourne à profit, alors qu'elle est sincère :
Même un affreux Zoïle, à toujours mordre, enclin,
Epuise en vain, contre elle, un esprit trop malin.
Cherchant la vérité, seule, à ses yeux, aimable,
Elle y puise, sans fin, un calme inaltérable :
Elle aime les conseils ; elle en cherche partout ;
Mais s'ils lui font défaut, digne, ferme et debout,
Elle poursuit son but sans se laisser abattre
Par les dificultés qu'il lui faudra combattre.

Dieu n'est pas un mot creux : Il existe toujours
Et son aide nous vaut plus que l'humain secours.
Un jour, du firmament, il étendait les voiles ;
Il peuplait l'infini d'innombrables étoiles ;
Il créait notre globe où tout est merveilleux,
De plaines, le semant, et de monts sourcilleux.
L'hysope alors parut et le cèdre superbe :
Ce fut partout forêts, taillis, verts tapis d'herbe,
Que d'aimables ruisseaux, courant de tous côtés,
Arrosaient, à l'envi, de leurs flots argentés.
Les animaux, pourvus d'avance de pâture,
Vinrent, par leur présence, animer la nature,
Et montrer ce spectacle admirable et si beau
Qu'à le voir c'est toujours plaisir vif et nouveau.
Dieu se recueille enfin et forme, à son image,
L'être qui seul pourra lui présenter l'hommage,
Et dignement louer ses bienfaits incessants
Que chantent, de concert, les cœurs reconnaissants,

Adam paraît, Adam, surprenante merveille
En qui l'Etre divin fit œuvre nonpareille.
Loin d'ici, loin le singe et ses admirateurs,
D'un parentage affreux, tristes propagateurs !
Entre l'homme et la bête, il existe un abîme :
De l'esprit du Très-Haut, étincelle sublime,

L'âme du premier peut s'élever jusqu'au cieux
Et voir l'Ancien des temps au front tout radieux.
La tèrre est sous ses pieds, l'étoile le couronne,
Et, de mille esprits purs, la troupe l'environne.
Principe Souverain de tout être existant,
Il mit fin au chaos et peupla le néant.
Tout maçon, devant Lui, n'est que cendre et poussière,
Et l'ordre, en son entier, chétive fourmilière.
Cependant on les voit, ô les audacieux !
Porter la guerre au fils du Monarque des cieux.
Quoi! Dieu ne pouvait pas rendre une vierge mère!
Quoi! rejetant le Fils, vous reniez le Père!
Et l'Esprit-Saint de qui le souffle impétueux
Confirme dans le bien les chrétiens vertueux !
Pauvres fous ! faut-il donc que la Toute-Puissance
Se vienne, à vos genoux, mettre avec complaisance ?
Le Suprême Ouvrier, qui créa l'univers,
Va-t-il prendre conseil de misérables vers ?
Quand vit-on le potier se soumettre à l'argile
Dont il brise, à son gré, la substance fragile ?

O maçons, laissez là ces pompeux oripeaux
Dont s'ornent, à l'envi, vos éphémères peaux.
Vous n'avez, comme nous, qu'une vie incertaine,
Et la mort ne craint point votre mine hautaine.
Du frère tout petit, jusqu'au Grand-Orient,
Elle vous croque tous de sa commune dent.
Point de jour où quelqu'un d'entre vous ne succombe
Et ne se trouve enfin en face de la tombe.
Le réveil vient alors et l'affreux désespoir ;
Car, loin de ce mourant, qu'il remplirait d'espoir,
Ce Dieu, tant dédaigné, froidement, se retire,
Par juste châtiment que l'endurci s'attire.

Mais bornons ce discours pour revenir à vous
Que je plains franchement et de cœur, entre nous,
De tous les embarras que vous cause un ministre
Qui laissera de lui maint souvenir sinistre.
Sans aucune vergogne et maçon enragé,
Il aura, du Seigneur, le champ bien ravagé.

Uniquement jaloux du pouvoir de son ordre,
Qui ne sait enfanter que ruine et désordre,
Il foule aux pieds les lois et le peuple français
Qu'il pousse aveuglément à d'indignes excès.

Ah ! le Christ est vivant, et qu'il a de puissance !
Bientôt ses ennemis, réduits à l'impuissance,
Verront le peuple entier rechercher son amour
Et maudire une secte où tout mal prend le jour.
La nation alors, maîtresse de sa voie,
Servira le vrai Dieu dans la paix et la joie ;
Car le fils du Très-Haut, d'ineffable bonté,
D'innombrables bienfaits, comble l'humanité,
Quand le Grand-Orient, froid, impassible et sombre,
Prépare aux nations des misères sans nombre,
Et leur ravit l'espoir de l'éternel bonheur
Qu'assure à ses élus le divin Rédempteur.

REPAS PANTAGRUÉLIQUE

Dans la religion qui fait son dieu du ventre,
En commis voyageur, à ma manière, j'entre.
O temps des maîtres-coqs et des marchands de vin,
Vois, j'élève à ta gloire un monument divin !

Mais d'où vient que mon âme est pleine de tristesse ?
C'est hasard quand je lis cette coupable presse
Qui distille le mal pour ces pauvres lecteurs
Que trompent à l'envi d'impudents rédacteurs.
Par d'ignobles récits dont la raison s'offense,
Ils gâtent tout foyer qu'ils trouvent sans défense :
Encor plus immoraux que n'étaient les païens,
De tout corrompre, en France, ils forgent les moyens.
Déjà la jeune fille, autrefois si pudique,
D'imiter les Laïs, sans vergogne, se pique ;
Déjà nos jouvenceaux, émus de passions,
Rivalisent de vice au sein des pensions.
La vertu baffouée et traitée en barbare,
Devient, de jour en jour, difficile et plus rare.
Chacun, soir et matin, ne rêve qu'à l'argent,
Et c'est pour l'acquérir qu'on se fait diligent.

Malheur au citoyen que frappe l'infortune :
On lui tourne le dos ; sa présence importune.
Le fripon en carrosse est entouré d'amis,
Quand l'honnête homme à pied n'obtient que des mépris.
D'un tel renversement, quel sage ne se blesse?
Car, chez l'homme, à ses yeux, la vertu fait noblesse.
Que vaut un scélérat bien qu'il soit cousu d'or
Et qu'à des millions il en ajoute encor?
De quel poids serait-il si, mis dans la balance,
On l'opposait aux gens de modeste naissance
Et qui vont préférant la médiocrité
A des biens mal acquis et contre l'équité?

Heureux et satisfait dans son humble chaumière,
Il peut, non sans dédain, contempler la lumière
Qui ruisselle, de nuit, en ces riches palais
Où le luxe, plus grand qu'il ne s'est vu jamais,
Eclate et s'associe à l'infâme luxure
Pour dissiper des biens qu'amoncelait l'usure.
A chaque jour suffit et sa peine et son pain :
Et, sans trop se donner souci du lendemain,
Il achève sans bruit l'habituelle tâche
A laquelle le ciel a voulu qu'il s'attache.
De vivre en travaillant uniquement jaloux,
Il se fait, du labeur, usage utile et doux :
Etranger aux besoins qu'enfante la richesse,
Il vit content de peu, comme veut la sagesse.

Le faquin enrichi, que l'or rend insolent,
D'un cuisinier fameux recherche le talent,
Et l'acquiert, à tout prix, pour surcharger ses tables
De mets qu'un Lucullus tiendrait pour délectables.
Comment se refuser les plats les plus exquis,
Puisque perdre il faudra tant de bien mal acquis?
Ah! de truffe et de vin qu'il se bourre la panse,
Et que nul ventre au sien ne se compare en France!
Que son vaste abdomen chaque jour grandissant,
En fasse un bœuf épais, gras, lourd et gémissant,
Un bœuf tel qu'on l'offrait jadis en sacrifice!

Allons, trompette, allons, redouble d'artifice
Et prépare à ce dieu des mets si délicats
Que, sans exception, il goûte à tous les plats,
Non sans les arroser du plus fumeux bourgogne,
Pour hâter les rubis qu'attend sa fière trogne.

Que mollement couché sur coussins d'édredon,
D'harmonieux concerts, il s'accorde le don,
Et qu'alors, se livrant à vague rêverie,
Il sente à peine assez pour retenir la vie :
Mais toi, divin Morphée, auteur du lourd sommeil,
L'accablant de pavots, retarde son réveil.

Pour toi, superbe Apis, dont le sort intéresse,
Renonce à ces projets que t'inspire la Grèce.
De ce peuple, à quoi bon, vouloir l'embarrasser?
Ne songe, désormais, qu'à te mieux engraisser.
Conjure, dans ce but, le diligent Trompette,
Pour que, grâce à son art, maint mets nouveau s'apprête,
Mets que tu mangeras fort délicatement
En les humectant tous très copieusement.

Que la France, l'Espagne, et le Rhin et Madère,
Flattés chaque fois que ton œil les considère;
Que la Sicile encor et le sol Africain,
Et Corinthe, à deux mers, confiant son doux grain,
Etalent, devant toi, ces vieux jus de leurs treilles
Dont chacun va disant merveilles sur merveilles.
Bois de tous, excepté le Lacryma-Christi,
De peur d'effaroucher les ogres du parti.
Quoi! diraient-ils, du Christ, il a séché les larmes!
Trahison ! sus au traître : à lui volons en armes !
Ah ! d'ici, je les vois, de fureur transportés,
Accourir vers ton antre, à pas précipités.
J'ai frémi ; mais voilà l'ingénieux Trompette
Qui se montre à mes yeux déployant sa serviette :
Il en fait un signal et la troupe, à grands pas,
Souriante et calmée, accourt à ce repas
Que, sur l'avis certain d'un espion fidèle,
Il tenait chaud et prêt à refroidir leur zèle.

Le patron cependant, à table, déjà mis,
Reçoit, d'un air grondeur, ces hôtes peu soumis,
Qui, craignant, en secret, sa fougueuse colère,
Devant lui, chapeau bas, s'inclinent jusqu'à terre.
Les rassurant alors, de cet œil séduisant,
Qui, de celui du chat, a le reflet luisant,
L'auguste amphytrion fait un signe de tête
Que saisit sur l'instant le vigilant Trompette.
Aussitôt la dentelle arrive aux révoltés,
Et le vermouth s'y verse à flots précipités.
L'appétit, réveillé par ce divin breuvage,
Au plus lent estomac, promet de faire rage.

Sachant, par mille faits, que ventre bien mangeant
Change, en paisible agneau, le plus intransigeant,
Monseigneur fait un signe et voilà que, de suite,
De laquais galonnés, apparaît longue suite,
Offrant, à s'y tromper, une procession,
Par le nombre, la marche et point l'intention.
Pourquoi donc celle-ci les met-elle en furie ?
C'est qu'elle honore Dieu, le célèbre, et le prie :
Mais celle-là, flattant l'odorat et le goût,
Ils aiment à la voir, de préférence à tout :
Car depuis que Darwin a fait de l'homme un singe,
Sans tenir compte en rien de sa vaste méninge,
Son plus bel attribut n'est-il pas de manger,
De boire, de dormir, même de remanger
Quand l'estomac, trop plein, de mets se débarrasse,
Et, de cette façon, à d'autres mets, fait place ?
Les Romains, avant nous, ainsi l'avaient pensé,
Et singes nous allons copiant le passé.

Belles de l'hélicon, vous filles de mémoire,
Comment, d'un tel repas, sortirai-je, avec gloire,
Si vous ne daignez point accourir à ma voix
Et m'inspirer autant qu'il le faut cette fois ?

Un consommé parfait, meilleur que l'ambrosie,
Onctueux, parfumé, sans trop d'épicerie,
Le long de l'œsophage, à l'estomac, porté,

Les enduit, en passant, d'un moëlleux velouté.
Trompette, quand il prit cette mesure sage,
Préparait, à ses plats, le plus coulant passage.
La fougère, à son tour, pleine de jus fort vieux,
Vient flatter l'odorat, le palais et les yeux.

Ce début merveilleux captivant l'assemblée,
La plainte, au fond des cœurs, se trouve refoulée,
Et le Patron, déjà presque sûr de son coup,
Agrée une dentelle et daigne y boire un coup.
Ce prodige de grâce et de condescendance
Electrise la troupe et la met presque en danse ;
Et leur visage altier reprenant l'air bourgeois,
On eût dit, à les voir, de simples villageois.
Faisant, sous la feuillée, un bon repas champêtre
Où le poiré pétille, excite le bien être,
Et sert d'avant-coureur à ces plats copieux
Qu'à peine mis sur table, on avale des yeux.

La gaîté remplaçant l'esprit de tyrannie,
Tous, de l'égalité, caressent la manie,
Grâce aux libations qu'active Lucullus
Qui les veut, à son char, enchaînés et vaincus.
Pour cela, de Bacchus, sage, il invoque l'aide,
Et Bacchus, par ses soins, a cohorte qui l'aide,
A tel point que l'on voit, nos farouches maçons
Ne rêver désormais qu'églogues et chansons,
Puis murmurer tout haut contre cet esclavage
Imposant, du clocher, une haine sauvage.
Pourquoi détruire ainsi le culte des aïeux
Et, des champs de repos, placer, au loin, les lieux ?
Puis ce coq innocent, brillante sentinelle,
Qui présage le temps de la tête et de l'aile,
Qu'a le Grand-Orient pour qu'il véuille, à tout prix,
En pièces le tailler ? a-t-il peur de ses cris ?
Hélas, chacun le sait, la vigilante bête
N'a de cri que celui qu'offre une girouette.
Sur le sort qui l'attend, je me seus attendrir.
Je naquis sous son aile et j'y voudrais mourir.

Que n'osé-je, au grand jour, divulguer ma pensée?
Ah! qu'un serment aveugle est donc chose insensée!!
A servage honteux, condamné pour toujours,
C'est en plein désespoir que finiront mes jours.
Pauvres gens! nous cherchons la liberté chérie,
Et c'est pour mettre aux fers jusqu'à notre patrie!
Quel despote jamais se joua des humains
Comme fait l'Orient qui nous tient dans ses mains!
Ne t'agenouille point sur la tombe d'un père;
Ne visite jamais le champ où gît ta mère,
Ta femme, ton aïeul, ta fille, ton garçon :
Pour l'ordre, tout cela n'est que fable et chanson.
Ne crois point qu'il existe un Suprême Architecte :
L'Orient seul a droit que chacun le respecte.
Garde bien de songer à nulle égalité :
C'est un vain mot, chez nous, et la fraternité.
Regarde autour de toi, vois bien ce qui s'y passe,
Et toute liberté te semblera grimace.
Trop heureux le maçon! il boit; il mange; il dort :
Bourse pleine et commune en assure le sort.
Que lui faut-il de plus? renoncer à son âme
Et suivre le drapeau portant : *guerre à l'infâme!*

Quoi! du Christ, l'Homme-Dieu,dont le règne à venir,
Ouvre, aux pauvres mortels, un sublime avenir,
On m'oblige à haïr l'ineffable mémoire,
Lui si digne d'amour, de respect et de gloire!
Ah! le Grand-Orient n'est qu'un despote affreux
Dont le joug infernal rend triste et malheureux.
Plus d'âme, plus de cœur, plus de noble pensée ;
Tels sont tes fruits amers, ô cabale insensée!
Mais cessons ce discours qui ne m'avance en rien!
Jamais, ô liberté, tu ne seras mon bien!

Les regards, plus hardis, déjà troublent le maître,
Quand le sportule arrive, à propos, les repaître.
C'est un Apis fumant, à point, cuit tout entier,
Qui vient, à chaque table, apporter son quartier.
Maint valet envieux qui, sous la charge, plie,
Se voile les deux yeux de larmes qu'il essuie,

Non sans dire, à part soi : faut-il qu'on soit forcé
De livrer, sans réserve, un bœuf si bien saucé !
Non, non, l'égalité, même devant la panse,
N'existera jamais dans cette pauvre France.
Tous ces gens vont hurlant : *haro sur le clergé ;*
Et, d'ici, chacun d'eux, à fond, s'en va chargé.
Des intérêts du peuple, ils se font belle bouche,
Quand c'est, de leurs soucis, celui qui moins les touche.
Aurons-nous notre part de ce mets succulent
Qu'ils s'en vont dévorer de leur plus chaude dent ?
Ces jus que cent côteaux versent dans leur fougère,
Nous en laisseront-ils même goutte légère ?
Ah ! jusqu'en ces lambris, le despotisme affreux
Vient tromper les efforts d'un peuple généreux !
Ici, quel député ne se montre servile ?
Quelle cour oncques fut et moins libre et plus vile
Que celle que l'on voit s'empresser tous les jours
Aux pieds de ce jongleur si fameux par ses tours ?
Qui me dira d'où vient son immense fortune,
Et qui semble insulter la misère commune ?
Est-il un citoyen, parmi tant de flatteurs,
Qui fasse rendre gorge aux dilapidateurs ?
Et qui, plus que mon maître, en cela, fut coupable ?
Mais chut ! Que sert la plainte ? Allons servir la table.

Trompette cependant, par son géant de veau,
Préparait au patron un triomphe nouveau.
A tout quartier reçu, chacun fait joie et fête,
Et, laissant là le pain, prend couteau puis fourchette.
Bientôt de toutes parts, mis en friands morceaux,
Ces quartiers n'offrent plus que d'indignes lambeaux,
Où, de chiens et de chats, quelque bande affamée,
Seule aurait pu se faire un semblant de bouchée.
La troupe, allant en aide à maints filets hâtés,
Avale, à pleins cruchons, des vins, d'ognon, teintés.
Alors mainte âme altière et prête à tout pourfendre,
Commence à se montrer plus maniable et tendre.

Lucullus qui les voit beaucoup moins agités,
Conçoit le ferme espoir de les tenir domptés.

Trompette en est payé d'un gracieux sourire
Et, sur signe furtif, regagne son empire.
« Courage mes enfants, la chose va fort bien
Et le maître est content de moi qui suis le sien.
Rôtissons, avec soin, la hure formidable
Qui doit, aux yeux de tous, rendre recommandable
Le grand art d'apprêter, par procédés nouveaux,
Hures, bœufs, veaux de lait, daims, chevreuils et per-
[dreaux.
Marmitons, sachez-le : l'on gouverne le monde,
Quand, d'un coq-maître, on a la science profonde.
Nos hôtes d'aujourd'hui s'allaient tous révolter
Et, géants conjurés, menaçaient Jupiter :
Je l'apprends, je m'indigne et, d'une table immense,
Je conçois le projet, sans compter la dépense.
Ce généreux dessein sourit à Monseigneur :
J'en obtiens carte blanche et, me piquant d'honneur,
J'entends mettre à merci cette horde affolée
Qui, pour nous assiéger, avait pris sa volée.
Seul, j'avance contre eux, la serviette à la main,
Et, devant ce drapeau, tous s'arrêtent soudain :
« Venez, Messieurs, venez : j'ai tout prêt le potage :
Que si je promets peu, je tiendrai davantage. »
A ces magiques mots, les plus durs, attendris,
Sont rayonnants de joie et poussent de doux cris.
Et je vois fuir Bellone ainsi que ses alarmes
Par l'espoir d'un souper rempli, par moi, de charmes.
Mais soyons moins bavard et tâchons, de mon mieux,
De donner à ma hure un goût délicieux. »
A ces mots, de bien près, examinant la pièce,
Il la rencontre à point et, de servir, s'empresse.

Dans un immense plat, par six laquais, porté,
S'avance le boutoir jadis si redouté.
A son terrible aspect, un immense murmure
Témoigne du succès de l'imposante hure :
Et le grand Lucullus, pleinement rassuré,
Commence à gourmander d'un ton moins mesuré ;
Puis certain, croyait-il, d'avoir gain de bataille,
Sans pitié d'aucun d'eux il en fait valetaille,

Tout marchait à ravir, quand un intransigeant
Se permit, tout-à-coup, un propos outrageant.
Hure, bœuf ni chevreuil, sur ce cœur irascible,
N'avait pu s'acquérir quelque pouvoir sensible ;
Et les jus les plus vieux, à longs traits, dégustés,
Au lieu d'en adoucir les esprits emportés,
Ne firent qu'ajouter l'audace à la colère :
« Ici que faisons-nous de ce principe austère
Qui veut, entre mortels, parfaite égalité ?
Ici, qui peut se dire en pleine liberté ?
On nous gorge de mets comme de vils esclaves :
Mais pourquoi, Citoyens ? Pour nous dorer d'entraves.
Ne savez-vous pas tous qu'à notre Amphitryon
Nous pourrions bien tenir le propos d'Ilion
Ou, si vous l'aimez mieux, de la sage Princesse
Qui tant se défiait de la perfide Grèce :
Craignez, Troyens, craignez ces ennemis ardents
Même alors que leurs mains vous portent des présents.
Citoyens, croyez-moi, c'est là le trait d'histoire
Que nous devons surtout garder en la mémoire :
Il dit et repoussant loin de lui cruche et plats,
Il déclare tout haut qu'il n'y touchera pas.

Là-dessus, par bonheur, survient l'heureux Trompette
Habile à conjurer la plus noire tempête :
Il s'enquiert des plaisirs qu'aime le harangueur,
Et, de source certaine, apprend qu'il est fumeur.
De suite, il disparaît, court à perte d'haleine,
De cigares exquis, empoigne boîte plaine,
Revient, la livre entière à l'hôte intransigeant
Désarmé, malgré lui, par ce luxe obligeant,

Fortuné Lucullus ! bientôt la nicotine
A raison de cette âme exaltée et mutine
Au point que, fermant l'œil, comme un ange, il s'endort,
Pendant qu'à petit bruit la troupe part et sort :
Car, après un discours si rempli d'insolence,
Tous n'osaient ni parler ni garder le silence.
Par ce prudent départ, nos rusés compagnons,
De Charybde et Scylla, tournaient les tourbillons.

Le Patron resté seul avec l'ami Trompette,
Etait sombre d'humeur et se grattant la tête.
Les voilà donc partis ? Parfaitement, Seigneur,
A part cet enragé qui vous a fait horreur.
Que fait-il ? Il est là, descendu sous la table,
En glissant de fauteuil. Le crois-tu redoutable ?
Seigneur, je suis trompé s'il brille par le cœur :
Mais la langue, chez lui, s'émancipe sans peur.
Le brigand ! par son fait, j'ai manqué ma salade :
Oh ! que je lui voulais compote et marmelade !
Trompette, écoute-moi : je crains peu le bavard ;
Car, lui-même, il s'enferre ou c'est bien grand hasard :
Mais je redoute fort les sacs pleins de prudence
Qui tendent des panneaux et gardent le silence :
Ainsi font les voleurs quand, postés dans un bois,
Pour surprendre les gens, ils se tiennent tout cois.
En vain, à les connaître, un esprit s'évertue,
Ils ont l'écaille épaisse ainsi que la tortue,
Et, s'abritant toujours derrière un tel rempart,
On n'apprend leurs projets que lorsqu'il est trop tard !

LA MAISON DE CAMPAGNE

Le principal d'une maison,
Est-ce la cave ou la cuisine ?
Ce point, douteux, je l'imagine,
N'est pas dépourvu de raison.
Boire et manger, j'ose le dire,
Est pour l'homme un besoin pressant :
Et qui viendrait me contredire
Serait pris pour un innocent.

Mais lequel donc est préférable ?
On ne peut se passer de pain,
Quand l'eau, dès lors qu'elle est potable,
Peut remplacer le meilleur vin :
Ceci s'entend de l'ordinaire ;
Car, si l'on traite des amis,
Le dernier devient nécessaire
Pour sauver l'autre du mépris.

Or donc, par le pain, je commence :
Le beurre en est le compagnon
Que l'on veut frais et non pas rance ;
Pour qui l'aime, ils souffrent l'ognon.

Le pain, de qualité première,
Doit être encore cuit à point :
Et tout d'abord la cuisinière
Fait lever la pâte avec soin.
Le fournier qui la viendra prendre
Ménagera si bien le feu,
Qu'au lieu de la réduire en cendre,
Il la cuira ni trop ni peu.

Cela dit, laissons la cuisine
Pour notre cave qui m'attend :
Etrangers à toute lésine,
Faisons-en l'espace assez grand.
Que des régiments de bouteilles
D'un verre blanc, propre et luisant,
Attendent là, de mille treilles,
Le jus toujours réjouissant.
Que la Champagne et la Bourgogne
Fraternisant avec Bordeaux,
S'entendent tous pour que la trogne
S'orne des rubis les plus beaux.
Qu'elle reçoive de la Grèce,
Des fûts divins et précieux :
Et que le liège alors s'empresse
De les conserver de son mieux.
En Cognac ou bonne eau-de-vie,
Ce liège s'humecte souvent :
Puis, l'opération finie,
Le tout se range posément,
Le Malaga ni le Madère,
Ne doivent pas être oubliés :
Ils seront fils de bonne terre,
Fins, délicats et parfumés.

Si, devant eux, pâlit le cidre,
Jus de la pomme, en l'écrasant,

On peut pourtant, s'il est anhydre,
Le mentionner en passant.
Sa liqueur, agréable et saine,
Réjouit le cultivateur,
Et l'ouvrier, qui sue et peîne,
Y puise un suc réparateur :
Ainsi le coton et la laine
Le cèdent aux tissus soyeux ;
Mais, sans qu'elle en soit plus vilaine,
La villageoise unit les deux.
Dieu fit des biens pour tout le monde,
Et les pays favorisés
Où la chaleur brille féconde,
N'en privent pas les plus glacés.

Ce n'est pas tout : il faut la chambre :
Car l'homme doit se reposer :
Et, s'il vous plaît, par l'antichambre,
Pour s'y rendre, il faudra passer.
Or celle-ci sera riante
Afin de mettre en belle humeur,
Et d'entrer l'âme souriante
Et point le front triste et rêveur.

La chambre, encor mieux tapissée,
N'offrira que festons et fleurs :
L'œillet, la rose et la pensée
Mariant leurs belles couleurs,
Avec mille autres sœurs encore
S'y joueront en dessins joyeux,
Si bien que la charmante Aurore
Voudra s'en repaître les yeux.

Ayant la chambre si coquette,
Que ferons-nous du cabinet ?
Puisque l'on y fait sa toilette,
Il faut l'avoir bien clair et net.
Tout resplendissant de lumière,
Il brillera comme le jour,
Sous peine de mettre en arrière
Ce qui sert au devant d'atour.

Du titre que j'ai mis en tête,
Ceci n'est qu'un commencement,
Et pour une villa complète
C'est peu de chose assurément.
Mais patience, je vous prie,
Et vous aurez contentement :
Nous irons, même à l'écurie,
Sans déroger le moindrement.

Par un excès de convenance,
Tairai-je un lieu trop parfumé,
Qui, sous le mot heureux d'aisance,
Chez nos aïeux, fût bien nommé.
Ce lieu perdu dans la verdure
Et mis fort loin de la maison,
De l'atmosphère la plus pure,
Jouirait en toute saison.

Mentionnons la garde robe,
Les chaises, les fauteuils brillants,
Le secrétaire où l'homme probe
Renferme quelques sols luisants ;
Le lit, l'armoire, la commode,
La pendule et le canapé,
Puis les rideaux toujours de mode
Chez le bourgeois le moins huppé :
Tous ces objets seraient en ordre
Et nombre d'autres non cités,
Bien qu'on ait dit qu'un beau désordre
Avait aussi ses qualités.
Assez ami de la nature,
Sans être l'ennemi de l'art,
J'aime à fixer, dans ma peinture,
Ce que vient m'offrir le hasard.

Or le jardin et le parterre
Sont un accessoire obligé :
Heureux, dit-on, heureux sur terre,
Quiconque en est bien partagé.

Mille berceaux, garnis de treilles,
Y défendront des feux du jour ;

Du jus de leurs grappes vermeilles,
L'on s'inondera tour-à-tour.
L'abricot, la pêche et la poire
Enrichissant les espaliers,
Offriront leur doux suc à boire,
Même le long des escaliers.
De groseille, framboise et fraise,
Les plants réjouiront les yeux,
Et l'on pourra cueillir à l'aise
Leurs fruits vraiment délicieux.

D'un autre côté, le parterre,
Brillant des plus vives couleurs,
Ornera le sein de la terre
De mille beaux bouquets de fleurs :
L'iris, l'œillet et l'amarante
S'y marieront au doux lilas
Et, près de la rose odorante,
L'on verrait lys et dahlias.

Tous deux offriraient des allées
Pleines de sinueux détours,
Et s'en allant, partout sablées,
Le long des plus riants contours,
Non sans changer les points de vue
Par un heureux secret de l'art.
La surprise la mieux prévue
Semblant l'effet d'un pur hasard,
Le promeneur, l'âme ravie,
Admirerait ces changements,
Souhaitant de couler sa vie
Au sein de tels enchantements.

Mais que dirait la ménagère
Si nous taisions le potager
Où sa corbeille un peu légère
Doit parvenir à se charger ?
Le chou, la rave et la carotte
Y figureraient des premiers,
Quand la ciboule et l'échalotte
Ne s'y verraient pas les derniers ;

La laitue et la chicorée
S'y laisseraient, au choix, cueillir,
Et de la mauve déflorée
Verraient la fleur les embellir.

Le verger, plein d'herbe fleurie,
Serait couvert de beaux pommiers
Et pourrait, en même patrie,
Voir naître et grandir des poiriers.
Pour les défendre de l'orage,
Quand ils seraient couverts de fleurs,
Une forêt au vaste ombrage
Garnirait, au loin, les hauteurs.

Au pied, une nappe limpide,
Réfléchissant l'azur des cieux,
Offrirait, à l'oison timide,
Plus d'un réduit mystérieux.
Maint cygne, à la robe éclatante,
Animerait ce frais séjour
Qu'une zône luxuriante
Abriterait des feux du jour.

Amorçant le poisson timide,
On lui présenterait l'appât,
Et pris à l'hameçon perfide.
Il se rendrait, non sans débat.

Pour faire la cour aux naïades,
L'étang aurait un sûr bateau ;
Peut-être qu'en nos promenades
Nous les verrions sortir de l'eau.

Serait-ce tout ? et la prairie ?
Ah ! d'un gazon délicieux
Où l'herbe à l'herbe se marie,
Irions-nous bien priver les yeux ?
Non certes, non ! que sa pâture
Suffise à de nombreux troupeaux,
Et qu'on y dorme au doux murmure
Des frais zéphyrs et des ruisseaux.

Que là, se reposant à l'ombre,
On respire un air embaumé,
Non sans bénir les dons sans nombre,
Que nous fait un Dieu bien aimé.

Mais n'oublions pas l'écurie
Où j'ai promis de revenir.
Là deux coursiers qu'on apparie
Doivent manger, boire et dormir.
Les plaisirs de la promenade
Ne sont faciles qu'à ce prix ;
Mais, grâce à lui, même malade,
L'on peut récréer ses esprits.
Dans le plus beau palais du monde,
L'homme finit par s'ennuyer,
Et l'âme la moins vagabonde
Sent le besoin de voyager.

Le foin et la paille légère
Feront les frais du ratelier :
Que, du premier, plus ménagère,
La main aime à les allier.
Heureux qui garde la mesure ;
Car des repas bien dirigés
Nous sont payés avec usure
Par des trotteurs sains et légers.

Le son ou la farine d'orge
Adoucit et corrige l'eau ;
Mais trop d'avoine échauffe, engorge,
Et perd le cheval le plus beau.
Sans taxer de parcimonie
La vérité de mon propos,
Défendez-vous de la manie
D'engrainer la bête au repos.
Cause puissante et manifeste
D'accidents qu'on pourrait citer,
L'excès d'avoine, en soi funeste,
Est justement à redouter.
Usez-en donc avec réserve
Et vous vous en trouverez bien :

Ainsi l'animal se conserve
Et l'on sent moins son entretien.

Je n'en dirai pas davantage :
Quel long discours n'est ennuyeux ?
Puis, sur les pièces d'attelage,
J'arrêterai fort peu les yeux.
Que le tout soit d'un cuir solide
Et dans le plus parfait état :
L'on peut ne rentrer qu'invalide
Lorsqu'on n'y cherche que l'éclat.
Je suis fou de la promenade,
Et je m'y plais infiniment ;
Mais avec un harnais malade
Je m'en priverais sûrement.
Quel plaisir à risquer sa vie
Ou bien à se rompre les os ?
Combien de chars que l'on envie
Où l'on n'est rien moins qu'en repos !

N'aurons-nous pas une volière ?
Qui refuserait le gazon
A cette troupe prisonnière
Qui dit et redit sa chanson ?
Qu'une eau sans cesse jaillissante
Retombe en filets écumants,
Pour que la bande pétulante
Y voie une image des champs.
Des chantres que fait la nature
Rendons le sort moins ennuyeux
Et donnons leur ample pâture
Pour leur avoir ravi les cieux.

Près d'eux, le canard et la poule,
Réduits en domesticité,
Se précipiteront en foule
Vers le prix de leur liberté :
Que remarquant leur bec avide
Tendu béant au moindre grain,
Le pauvre esclave, encor timide,
Gazouille un moins triste refrain.

Mille pigeons à la chair tendre
Peupleront un beau colombier
Où l'on pourra les aller prendre
Sans qu'ils se fassent trop prier.
Pour la visite inattendue
Ce sera gibier permanent,
Dont la cuisinière entendue
Fera merveille incontinent.

Pain savoureux, beurre, laitue,
Fèves et vous, grands bols de lait,
Faut-il encor que le fer tue ?
N'offrez-vous pas ce qu'il fallait ?
Mais l'homme prouve son empire,
Surtout par la destruction,
Et, d'un pigeonnier qui soupire,
Il met à mort la nation :
Oui, d'une table hospitalière,
Un peuple innocent doit les frais :
Colombier, basse-cour, volière,
Rien n'échappe à cruels arrêts !

Hélas ! le chien même de garde
Et qui servait tout de son mieux,
C'est à regret que l'on le garde
Alors qu'il est devenu vieux.
Ce compagnon sûr et fidèle,
Qui veillait à notre repos,
Espère en vain le sec bout d'aile
Dont il aime à ronger les os.
Fort peu de gré, nulle tendresse,
Tel est son lot comunément ;
Et s'il hasarde une caresse
Ce n'est jamais impunément.

Le mari de la jardinière
Aurait une habitation
Où le travail et la prière
Formeraient pour la nation
Des cœurs généreux et sincères.
Tout préparés aux vrais combats

Par des habitudes sévères,
Les braves gars ne fuiraient pas.

Ah ! l'indolence et la mollesse
Offrent de perfides douceurs :
Et quelle précoce vieillesse
Amène le mépris des mœurs !
Où sont les âmes généreuses
Qui n'écoutent que le devoir ?
Où, dans nos villes malheureuses,
La vertu se fait-elle voir ?
Un lâche époux vend sa compagne ;
Le riche corrompt la beauté ;
Et bientôt la pauvre campagne
Ne devra rien à la cité.
Grand Dieu ! quelle horrible misère
Traîne le vice triomphant !
Plus de famille, plus de mère !
Celle-ci livre son enfant !
Le frère, perdu de débauche,
Trompe la sœur de son ami ;
Et ce dernier, pour tout reproche,
Surpasse encor qui l'a trahi !

O ma villa, quand donc pourrai-je
Aller respirer ton air pur,
Et, n'ayant qu'un gazon pour siège,
Contempler le céleste azur !
De là je verrais la prairie
Pleine de fleurs et de ruisseaux ;
La plus aimable rêverie
M'offrirait des songes nouveaux ;
Une fontaine au doux murmure
Là m'inviterait au sommeil
Où, parmi l'ombre et la verdure,
Je ne craindrais pas le soleil.
Le bourdonnement de l'abeille
Ou le chant d'oiseaux variés,
(Hormis le cri de la corneille
Aux présages si redoutés.)

Réveillerait enfin mon âme
Sous l'œil de la Divinité
Pour la répandre en traits de flamme
Et d'ineffable piété.

L'homme, isolé dans la nature,
Est le jouet des éléments ;
Mais dans l'Auteur de sa structure
Il trouve de sûrs fondements :
C'est en Lui seul qu'il se voit libre ;
En Lui qu'il puise la vertu ;
En Lui qu'il trouve l'équilibre
Quand par l'orage il est battu.

LA LANTERNE

Le Préfet du Finistère
Fait allumer en plein jour ;
Quand la lune vous éclaire,
Il veut qu'on soit dans un four.

Un gendarme vous arrête
Et, de loin, crie : Halte-là !
Avez-vous perdu la tête,
De voyager comme ça ?

Monsieur, reprend le pauvre homme,
Veuillez me laisser passer ;
Je n'ai pas la moindre somme
Et ne puis rien amasser.

La nuit n'est pas si profonde,
Et la lune, dans les cieux,
Montre sa figure ronde
Dont le clair ravit les yeux.

Elle est l'œil de la nature,
Quand le soleil plus ne luit :
Pour éclairer ma voiture,
Elle se montre la nuit.

Qu'y pourrait une chandelle
Pâle et vacillant flambeau ?

Sa lumière est infidèle ;
Elle craint le vent et l'eau.

Beau gendarme, je vous prie,
Que je suive mon chemin ;
Vous auriez l'âme marrie
De me voir au clou demain.

Non pas, vous paierez l'amende
Ou vous irez en prison ;
C'est le Préfet qui commande,
Et toujours il a raison ;

Puisqu'au terme de ma course,
Il vous plaît de m'arrêter,
Prenez l'argent et la bourse,
Puis faîtes-vous contenter.

Disant, aux mains du gendarme,
Il dépose son comptant,
Non sans verser une larme
Sur sa femme et son enfant.

VOYAGE EN EAUX BÉNITES

Plus d'un préfet se croit un petit Empereur,
Et c'est là cependant une palpable erreur;
Car, en France, aujourd'hui, c'est un seul qui commande,
Lequel voit, en eux tous, la plus docile bande.
Pas mal grevé d'impôts qu'il faut toujours payer,
Je m'armai d'une lyre afin de m'égayer :
Pour charmer sa douleur, le malheureux fredonne,
Et sa triste chanson ne fait mal à personne !
De mes chants réunis, je fis un passe-temps,
Que j'offre à l'avenir non moins qu'aux jours présents.
En mon âme naïve et pleine d'espérance,
Par eux, je m'attendais à faire tour de France :
Mais comme, au lieu de prose, ils présentaient des vers,
Ils couraient grand péril de se manger aux vers.
Conjurant ce dommage, en père de famille,
J'en donnai, de cinq cents, presque moitié de mille :
Eparpiliés ainsi par mon soin diligent,
De riche et d'inquiet, je fus pauvre et content.

Mon préfet prit le sien et j'en eus une lettre
Qui, d'un rayon d'espoir, me vint réjouir l'être.
Courage, cher ami, peut-être, avec des mots,
Enfin finiras-tu par solder tes impôts :
Voilà ce qu'en riant, je disais à moi-même.
Le langage des vers a sa beauté suprême :
La prose a beau, par jour, cent fois s'en révolter,
Contre le vers bien fait, elle ne peut lutter.
De quelques rares points, j'eus un signe de vie ;
Mais là tout se borna, sauf l'éveil de l'envie.
Vingt journaux, plus ou moins, eurent double livret,
Et, même jusqu'au port, j'en fus volé tout net.

Or je n'en mourus pas et, gardant mon courage,
Je me mis à bâcler encore un autre ouvrage.
Juvénal acheté, sur place, pour six sous,
Vint m'offrir un labeur aussi noble que doux.
Cet auteur, dépouillé de tout passage obscène,
De l'ardente satire, en feu mettait la scène.
Je le lis, je prends flamme et, l'osant défier,
Je m'attaque, sans peur, à ce génie altier.
En vain ce fier latin me présente un hercule;
Je le pousse, le presse et jamais ne recule.
Pour m'éviter pourtant d'être, à terre, jeté,
J'avais besoin de force et de dextérité.
Qu'est la langue française au prix de la latine ?
Breton d'âme et de cœur, puis la plume lutine,
Au moment que j'allais en recevoir le saut,
J'esquivais comme anguille et retrouvais mon haut,
Lequel, à dire vrai, n'est point chose qui vaille,
Attendu que je suis d'assez petite taille.
Chacun, de la nature, a reçu sa hauteur,
Et gros, bien plus que grand, je n'en suis pas l'auteur.
Enfin je traduisis son œuvre tout entière,
Sauf les endroits semés de scabreuse matière.

A peine l'imprimeur atteignit son objet
Que j'écrivis encor à Monsieur le Préfet,
Faisant suivre, à mes frais, deux fois un exemplaire :
L'un pour lui-même, et l'autre... Ah ! c'est plus grave
                                        [affaire.

Je n'ai pas fait serment de tout dire en un jour,
Et celle-ci viendra, plus tard, mais à son tour :
Quiconque mal étreint, c'est que trop il embrasse.
Du Préfet seulement ici je m'embarrasse.

J'en reçus, de nouveau, gracieux compliment
Et promesse d'aider à mon avancement :
C'était, à le bien prendre, un filet d'eau bénite
Dont je dus m'asperger, tant bien que mal, de suite.

Un jour, vint ce repas où j'osai le chanter,
En ménageant ma voix, de peur d'épouvanter
Un baron de l'empire et de joyeux confrères
Humant maint doux nectar en brillantes fougères.
Là se trouvait aussi le maire de Quimper.
Arriva le moment qu'il fallut décamper
Et laisser sans convive une table splendide
Que chaque an, Halléguen, si gravement préside.
Le signal est donné : chacun se lève et part ;
Seul, avec deux ou trois, je reste par hasard.
Nous devisions gaîment lorsque monsieur le maire,
Revenu sur ses pas, vint compliment me faire :
Il n'avait, de son temps, goûté plus vif plaisir.
Le mot, bien que flatteur, ne dut pas me saisir.
J'avais, rempli d'entrain, célébré les gendarmes,
Puis, par l'air et les mots, fait rire jusqu'aux larmes.
A mon tour, sans mentir, je me montrai confus
De ce qu'il eût, pour moi, fait quelques pas de plus.
Le préfet cependant, sur le seuil de la porte,
M'attendait, retenu par engageante escorte :
Quoi ! vous vous en iriez sans lui presser la main,
Lui qui vous a charmé par son aimable entrain !
Pour la deuxième fois, vingt témoins en présence :
Je vous veux présenter moi-même à l'Excellence
Qui, de l'Ouest entier, s'est promis le parcours,
Et nous arrivera, sans faute, aux premiers jours.
Surpris, je m'inclinai sous ce flot d'eau bénite,
Et ma main, dans la sienne, alla prise au plus vite.

Anne, ma tendre sœur, ne vois-tu rien venir ?
De ces mots qu'à bon droit j'ai gardé souvenir !

Car, même d'un mouton, je n'entrevois pas l'ombre ;
Quand sœur Anne, au contraire, en vit un fort grand
[nombre,]
De la poussière encor et puis ce chevalier
Par lequel Barbe-Bleue allait tout expier.

Donc, prenant le marteau, sans négliger l'enclume,
Je me trompe, il s'agit d'encrier et de plume,
J'ai l'honneur, à propos, de vous venir gronder
Au milieu des splendeurs de votre préfecture
Où l'art, se mariant à prodigue nature,
Fait éclore des fleurs et les fruits abonder.

Les anciens croyaient tous, au rapport de l'histoire,
Qu'il fallait redouter incessante victoire
Et que l'excès constant de la prospérité,
Amenait tôt ou tard, grande calamité.

Quelle faveur, pour vous, n'accorde la fortune ?
Entendez-vous jamais une plainte importune !
Pouvoir, richesse, honneur et solide santé :
Quels biens ! et, mieux que vous, quel autre en est
Or, c'est là le motif de ma juste épouvante,   [doté ?]
Et, d'une basse taille énergique et vibrante,
Afin de conjurer la malice du sort,
Je m'en viens tempêtant du souffle le plus fort.
O fortune, vois donc, ma plume le gourmande,
Bien que, depuis vingt ans, en préfet, il commande.
Pour son département, ah ! quel prodige affreux,
Et, parmi cent préfets, qu'il est donc malheureux !

Eh ! quoi, vous négligez cet important ouvrage,
Qui, mieux apprécié, décuplait mon courage !
Comment vous plantez là l'auteur d'une chanson
Où la rime vous donne et puissance et raison !
Pas l'ombre d'un laurier ni débris de couronne
Pour l'honnête écrivain qui ne corrompt personne !
Et, se rongeant la lèvre, il ne soufflerait pas !
A l'aide, ô Juvénal, et marchant de ce pas......
Doucement, calmez-vous, audacieuse muse :
La franche vérité bien rarement amuse.

> Vous armant d'un pinceau léger,
> De Juvénal, tracez l'histoire,
> Et le remettez en mémoire :
> Cela n'implique aucun danger.

P. S. Le préfet bien logé, courons sus au ministre,
Que, pour même grief, j'ai couché sur registre.
Émule de Régnier et du sage Boileau,
J'en ferai le récit d'un style assez nouveau.
La satire peut seule infliger le supplice
A quiconque, en haut rang, se permet l'injustice.

LA LONGUE VUE

Vous m'avez vu passable ventre :
C'est l'un des plus tristes appas ;
Mais en faut-il que l'on m'éventre ?
Tout beau, je ne le pense pas.

Si mes intestins gros et grêles
Flottent dans une ample prison,
Mes poumons, qui ne sont pas frêles,
Ont encor plus vaste maison.

Avez-vous pris garde à mes jambes :
Dieu les trempa comme d'acier,
Si bien que, parmi des ingambes,
Je ne serais pas le dernier.

Mais, pour avoir vu la machine,
En connaissez-vous le moteur,
Lequel, sans que je l'imagine,
Tient quelque peu de l'inventeur.

Quand je me veux mettre à la nage,
C'est lui qui fait aller mes bras :
Et j'y puiserai fier courage
Quand viendra l'heure des combats.

Ce serait une belle vue
Que de me voir couler l'Anglais
Ou bien faire un saut vers la nue
Parmi la poudre et des boulets.

L'INCONNUE

J'aime à vous voir ainsi garder
Ce compagnon noble et fidèle,
O vous que je rêve si belle
Et que je n'ose regarder.

Etes-vous fille ou femme ou veuve,
Et dans quels termes vous parler ?
Je ne puis donc vous appeler
Sinon la dame au terre-neuve.

Est-ce à raison ou bien à tort ?
Je crois qu'il vous sauvait la vie,
Et digne assurément d'envie,
Il a mérité son doux sort.

Vous n'allez point par la campagne
Sans qu'il se trouve auprès de vous,
Et quand il est à vos genoux,
Il est aux pieds d'une compagne.

S'il a le poil luisant et beau,
Puis le regard plein de tendresse :
C'est que votre main le caresse
Et que vous le baignez dans l'eau.

Or je voudrais que, sans la chaîne,
Vous fussiez maîtresse de lui ;
Car, à la fin, comme aujourd'hui,
Il se pourra qu'il vous entraine.

Que s'il vous en arrivait mal,
Ce qui vraiment serait dommage,
Je dirais : s'il sauve à la nage,
Il n'en est pas moins animal.

PASSE-TEMPS

DE

Prosper-Marie GEFFROY

Docteur en Médecine,
Ancien Membre du Conseil d'Hygiène
de l'arrondissement de Morlaix.

DEUXIÈME FASCICULE

MORLAIX

IMPRIMERIE A. CHEVALIER, 11, RUE DE BREST

1881

DU GUESCLIN AU TOURNOI DE RENNES

De l'insigne Thébain qu'Alexandre goûta
Jusqu'à respecter seul le toit qui l'abrita,
Lorsque, victorieux et bouillant de furie,
Il en fit démolir et raser la patrie :
Oh ! que n'ai-je la voix et le génie altier !
Alors, ô Du Guesclin, dans l'univers entier,
Ta renommée irait grandissant d'âge en âge,
Et ta légende, chère au plus humble village,
Offrirait, aux conteurs, mainte et mainte action
Non moins digne de los que d'admiration.

Jalouse d'illustrer le brillant hyménée,
Qui devait, l'une à l'autre, unir la destinée
De Jeanne de Penthièvre et de Charles de Blois,
La noblesse y voulut le plus beau des tournois.

Rennes, grande cité, rempart de la Bretagne,
Dont les Anglais, plus tard, ravageaient la campagne,
Lui livrant, coup sur coup, des assauts furieux,
Que Penhoët, dit le tort, rendait infructueux,
Rennes fut désigné pour le lieu du spectacle
Où la bravoure allait accomplir son miracle.

Nombre de chevaliers, par message, invités,
Vinrent au rendez-vous superbement montés.
C'était plaisir de voir la triomphale entrée
De guerriers accourus de lointaine contrée.
Les bourgeois ébahis et pleins d'étonnement
Admiraient leur grand air et leur équipement.
Les coursiers, pleins de feu, gambadaient en cadence
Et chacun s'en tenait éloigné par prudence.
Armés de pied en cap, leurs maîtres glorieux,
Par leur riche costume, éblouissaient les yeux.
L'or, l'argent et l'acier, mêlant leurs étincelles,
Enrichissaient l'armure et les pompeuses selles
Où l'art de l'ouvrier, s'exerçant à plaisir,
Enchâssa l'émeraude et le tendre saphir.
Les dames, à leur tour, au plus riche costume,
Avaient joint les joyaux que voulait la coutume.

*

Le sexe, de tout temps, prit soin de se parer
Pour captiver les yeux et s'en faire admirer.
L'œil avide suivait les belles haquenées,
Par leurs si blanches mains, habilement menées.
Compagnons des seigneurs et non point leurs valets,
Les écuyers suivaient ainsi que les varlets.
D'un groupe ainsi formé l'ensemble magnifique,
S'attirait, à bon droit, l'attention publique.

Les regards cependant surtout se dirigeaient
Vers l'endroit où le comte et sa dame siégeaient.
L'un près de l'autre assis sur la splendide estrade
Où l'hermine et la pourpre allaient faisant parade
Au milieu de décors et de mille étendards
Dont les plis gracieux flottaient de toutes parts :
Charles de Châtillon et la jeune comtesse
Rivalisaient, pour tous, d'exquise politesse
Et montraient, à l'envi, le plus vif intérêt
Pour ces jeux retardés par un dernier apprêt.

Enfin la lice s'ouvre aux sons de la fanfare,
Et plus d'un fier coursier frémit, tremble et s'effare :
Mais, revenant bientôt de cet effroi soudain,
De maîtres généreux, ils retrouvent la main,
Qui, doucement, les flatte et, par mainte caresse,
D'une aveugle frayeur, les tire avec adresse.

Au signal, deux guerriers, de leurs armes, couverts,
Partagent, du public, les jugements divers.
L'un, sur beau coursier noir, dans l'arène, s'avance ;
L'autre, au-devant de lui, tenant prête sa lance,
Accourt, comme inspiré d'une noble fureur,
Et, de son cheval bai, précipite l'ardeur.
Les spectateurs émus observent leur approche :
Mais comme, en pleine mer, une imposante roche
Qui, des flots irrités, dédaigne froidement
Les assauts furibonds et l'affreux hurlement :
Ainsi les deux rivaux, de leurs armes pesantes,
Soutiennent, sans effort, les atteintes puissantes :
Le coup a retenti, l'étincelle a brillé,
Sans qu'on ait pu surprendre aucun d'eux ébranlé.

L'espoir des parieurs, sans résultat, varie.
Enfin, se surpassant d'audace et de furie,
Ils fondent l'un sur l'autre à bonds précipités
Et résistent au choc, saufs tous deux et montés :
Leurs lances cependant, en éclats, sont brisées,
Et pleurent, de dépit, leurs prouesses passées :
Ne pas vaincre, en effet, semble ignominieux
A qui s'est jusque là montré victorieux.

Deux jeunes chevaliers, issus d'antique race,
Dans l'arène, à leur tour, arrivent, non sans grâce.
Leurs coursiers, plus légers et non moins généreux,
Font voler la poussière en nuages poudreux,
Et, prompt comme l'éclair dont l'horizon s'embrase,
Leur sabot frappe un sol qu'il touche à peine et rase.
Cette fougueuse ardeur jointe à l'agilité,
Des nouveaux assaillants, sert l'intrépidité.
Emules de vertu, de bravoure et de gloire,
Pour la première fois, ils tentent la victoire,
Et, charmés de se voir sous casque et le haubert,
Ils n'aspirent qu'à plaire à quelque juge expert.
Trois fois, en se croisant, ils se frappent de lance,
Et chacun d'eux, trois fois, sur les arçons, balance,
Puis s'affermit en selle, aux applaudissements
De la foule propice à leurs commencements.

Nombre de combattants entrés dans la carrière
avaient rempli d'éclat cette fête guerrière,
Et, dignes successeurs, d'héroïques aïeux,
Ils s'étaient signalés par des coups merveilleux.
Aucun d'eux, toutefois, pour prix de sa vaillance,
N'avait pu renverser quelque autre de sa lance :
Et tous s'étaient donné mille assauts glorieux
Sans qu'aucun, du combat, sortit victorieux.

Voici que, tout-à-coup, un inconnu s'avance
Et fixe les regards frappés de sa prestance :
Il conduit savamment un vigoureux coursier
Qui, du fardeau qu'il porte, est comme heureux et fier.
Chacun, à son aspect, garde un profond silence,
Et semble, d'un prodige, avoir la conscience.

Les regards, curieux, suivent ses mouvements
Avec un intérêt qui croît à tous moments.
Enfin, au lieu marqué pour entrer en carrière,
Ferme sur les arçons, la tête haute et fière,
Il s'arrête soudain et provoque au combat
Un premier concurrent que, d'un choc, il abat.
Ce succès, remporté presque sans résistance,
Saisit d'étonnement la nombreuse assistance.

Le vaincu, remplacé par d'autres assaillants,
Voit, sous les mêmes coups, tomber les plus vaillants :
Tous, malgré leurs efforts, trahis par la victoire,
De leur commun rival, vont rehaussant la gloire.
La surprise grandit et chacun étonné,
Des plus hardis jouteurs, plaint le front consterné.

Un rude batailleur, dévorant quelques larmes
Qu'arrachent les revers de vieux compagnons d'armes,
Se fait fort de venger leur mécompte sanglant
Et lui-même, aussitôt, comme eux, s'en va roulant,
Sans autre allégement qu'une impuissante rage
Et l'honneur qu'à l'échec assure le courage.
Comment peindre, à ce coup, les cœurs et les esprits ?
Le peuple transporté remplit le ciel de cris.
L'intrigue est à son comble et chacun se demande
S'il est Breton, de race, ou de ligne Normande.
Quel est, se disait-on, ce héros dont le bras,
Dans la poussière met les plus vaillants à bas ?
D'où lui vient, savez-vous, cette force invincible
Qui nous en fait, d'Hercule, une image sensible ?
La fleur des chevaliers, à lui, s'oppose en vain :
Et tous, homme et coursier, sont par terre soudain.
Déjà douze d'entre eux ont mordu la poussière
Et n'ont pu qu'un instant tenir dans la carrière,
Et, plus fier que jamais, il défie à l'assaut !

Le sire Du Guesclin, autrement dit Renaud,
Affronte le péril, frémissant de furie,
Et jure de venger l'honneur de sa patrie.
L'inconnu, sans l'attendre, excite son coursier :
De sa lance mornée, il présente l'acier,

Prêt à frapper d'estoc le guerrier téméraire
Qui, loin de redoutér la fortune contraire,
Ose venir à lui d'un air audacieux :
Mais voilà qu'il s'arrête, ô fait mystérieux !
Salue, avec respect, de son arme inclinée,
Et par là, de Renaud, confond l'âme étonnée.
Etait-il enfin las ? allait-il reculer ?
Le grand air de Renaud le faisait-il trembler ?
Ce refus de combattre augmentant la surprise,
De curiosité, chaque dame est éprise.
Quel visage avait-il ? Etait-il jeune ou vieux ?
Nul ne pouvant répondre à ces mots curieux,
L'intrépide tenant, à visière baissée,
De chacune, occupait vivement la pensée.

La lutte recommence, et le même héros
Va triomphant toujours, sans trêve ni repos.
Pour la quinzième fois, au rapport de l'histoire,
Il vole à ces combats, guidé par la victoire
Et suivi des transports et des trépignements
Que joint la frénésie aux applaudissements.

Point de bonheur parfait : la brillante assemblée
Demeurait, sur un point, suspendue et troublée :
Tous brûlaient de savoir le nom de l'inconnu.
Un Normand, pour l'adresse, extrêmement connu,
D'une dame reçoit la pressante prière
D'enlever à la fin la méchante visière
Qui dérobe, à ses yeux, les traits du champion
Dont chaque coup de lance est une ovation.

Dans l'arène, poussé, par pure courtoisie,
Il prend si bien son temps que la pièce choisie
S'emporte, casque et tout, exposant aux regards
Celui qu'on avait vu maîtriser les hasards.
Le guerrier découvert, pour punir cette audace,
De son bras vigoureux, le saisit et l'enlace,
Puis le lance, meurtri, sur le sable poudreux.

Tout s'use, et cet effort suprême et généreux
Achevant d'accabler son courage indomptable,

Bertrand pâlit, chancelle et penche, respectable.
On accourt à l'envi : mille soins empressés
En restaurent bientôt les esprits épuisés.

De Renaud du Guesclin, comment peindre l'ivrésse?
C'est son fils, c'est Bertrand, c'est un héros qu'il presse,
Un héros dont chacun, le penser soucieux,
Contemple avidement les traits victorieux.

Comme triomphateur, bien haut, on le proclame,
Et son droit le plus cher est le baiser de dame :
Quant au cygne d'argent, encor qu'il fût sans bien,
Il le dépose aux pieds du seigneur de Bizien,
Qui, prenant en pitié son ardente prière,
Lui fournit les moyens d'aborder la carrière.

Ah! ce jour ou Bertrand, vainqueur si valeureux,
Sut encor se montrer courtois et généreux,
Ce jour-là certes fut le plus beau de sa vie
Et digne d'exciter la plus louable envie.

BOUTADE

Connaissez-vous Ferry, le farouche maçon
Qui rapporte ou refait les lois à sa façon ?
Tout ministre va-t-il signaler son passage
En foulant à ses pieds ce qu'on fit de plus sage !
D'où vient cette fureur de tout bouleverser,
De faire, de détruire et de recommencer?
Quand bonne est une loi, libérale, équitable,
Pourquoi la renverser par motif détestable ?
Que Jules, dans sa loge, insulte, à volonté,
Ce Jésus dont la mort nous mit en liberté;
Que, pour plaire à la secte où chaque âme est servile,
Il change un mariage en union civile;
Qu'il allègue le faux, devant le parlement;
Qu'il brave le pays et se montre insolent :
Tout cela le regarde et n'est que son affaire.
Mais s'imagine-t-il qu'on va le laisser faire
Sans protester bien haut contre l'iniquité

D'un projet si contraire à toute liberté ?
Quel Prince osa jamais traiter ainsi la France ?
Ah ! ceux que vous taxez de profonde ignorance,
Pour vous-même, ô Ferry, furent des professeurs :
Et vous ne les payez que d'indignes noirceurs !
Croyez-moi, laissez-là votre marche hypocrite
Et, démasquant tout haut votre œuvre favorite,
Déclarez franchement la guerre au bon Jésus
Qui, dans le monde entier, fait germer les vertus.
Libre à vous de hanter ces ténébreux conclaves
Où chaque initié va, parmi des esclaves,
Renoncer à son tour à toute dignité,
En s'imposant un joug affreux et détesté.

Malheur, cent fois malheur, à l'imprudent jeune
Qui méconnaît ici les défenses de Rome.   [homme
Il traînera toujours ce funeste lien
Qui, le détournera de la route du bien.
Le chagrin va flétrir son âme desséchée;
Car, sur gouffre béant, il la verra penchée.
Plus d'amour chaste et pur, plus d'aimable gaîté;
Mais froideur, égoïsme et sombre vanité.

Tel fut l'Italien dont on m'a dit l'histoire :
Je la consigne ici pour en faire mémoire.
Jeune, riche et content, il s'engageait un jour
Dans ce noir labyrinthe où l'on va sans retour.
Enchaîné désormais, par sa folle imprudence,
Il sent d'amers remords ronger sa conscience,
Et sa vie en devient comme un martyre affreux
Qu'achève, de ses mains, l'adepte malheureux.
Ah ! que n'eût-il recours à Jésus et son Père,
En qui jamais en vain aucun mortel n'espère !

Qui me dévoilera ces conseils ténébreux
Que tiennent, en secret, les francs-maçons entre eux?
Qui pèsera le joug qu'imposent à toute âme
Ces démons incarnés qui traitent Dieu d'infâme ?
Infâme, dites-vous ? ô les audacieux,
Oser ainsi traiter le Fils du Roi des Cieux !
L'infâme, ici, n'est point l'Auteur de la nature,

Mais cet Ordre où le masque est joint à l'imposture.
Habile à détourner de lui l'attention,
Il court sus au Jésuite et plaint la nation,
Dont le dernier, dit-il, par de sourdes menées,
Maintient, autant qu'il peut, les modes surannées ;
Tandis que c'est lui-même (et le fait est certain,)
Qui divise la France en lui forçant la main.
Oui, maçons, c'est par vous qu'en tous sens, tiraillée,
Elle cherche, à tâtons, sa noble destinée.
Désormais, sans boussole et manquaut de compas,
Loin du port, elle vogue et jusqu'à quand, hélas !

O France, ô mon pays, toi, le plus beau du monde,
Place en Dieu seul ton ancre et qu'elle y soit profonde.
C'est jadis, par les Francs, qu'il a fait ses travaux
Et, sans peur, ils allaient et par monts et par vaux.
Ah ! pour te consoler, rappelle, en ta mémoire,
Ce qu'un chef si puissant t'a procuré de gloire :
Il n'est point amoindri : sa voix n'a qu'à parler
Et les flots menaçants vont soudain reculer !
Jette-toi dans ses bras et reprenant courage
Repousse avec horreur tout mortel qui l'outrage.

LE RETARD DU PRINTEMPS

J'ai vu la première hirondelle ;
Mais le printemps est en retard
Et Messager non moins fidèle,
Le coucou chante en plein brouillard.

   Tout est changé dans la nature
Et prolongeant son triste cours,
L'hiver arrête la verdure
Où l'oiseau cache ses amours.

   Déjà glacé par le long âge
Peu favorable à mon labeur,
J'attends qu'un soleil sans nuage
Me vienne offrir quelque chaleur.

   Alors ma veine languissante
Peut-être se ranimera
Et sur ma lyre frémissante
Quelque doux chant résonnera.

Première Fable Bretonne

LE FERMIER, LES POULETS ET LE RENARD

Un villageois léger de tête
Se proposant de faire emplette
De quelques frivoles objets,
Fit choix d'un couple de poulets
Qu'il mit au fond de sa charrette.
J'en aurai bien, se dit-il, en partant,
Double ducat et je pourrai, partant,
Payer l'achat que je dois faire,
Sans toucher à ce numéraire
Qu'à l'exemple de nos aïeux,
Ma femme épargne de son mieux.
L'âne, à tous petits pas, traversant la campagne,
Le coq allait chantant, de sa plus belle voix,
    Pour désennuyer sa compagne.
Un renard que la faim réduisait aux abois,
    Ravi d'aise, à cette musique,
    (Par un sentiment qu'on s'explique),
    Voulut l'entendre de plus près :
    Et, se donnant charge d'exprès,
Il atteignit bientôt le chariot rustique.
Tout fermier, comme on sait, ménage sa bourrique,
Quand, de la conserver, sagement il se pique :
Et semblable calcul, peut-être, à maint grison,
Inspire la révolte envers maître et bâton.
Plus d'un sage, d'ailleurs, a dit que la famine,
    Rendait le sot industrieux :
A plus forte raison (qui ne se l'imagine ?)
En doit-il être ainsi quant à l'ingénieux.
Tandis que lentement le chariot chemine,
Capitaine Renard, couvant son coq des yeux,
Suit, le long des fossés, philosophe, rumine,
Et se forge, en allant, un plan audacieux.
De son char, à tout prix, il faut sortir cet homme,
Sans quoi tous mes efforts seraient perdus en somme :
Et puis-je, ajouta-t-il, reculer pour si peu,

                      ★ ★

Moi vieux routier que l'on renomme?
Que faire enfin? le mort : le reste sera jeu.
A ces mots, il s'en va, loin devant la voiture,
Et, d'un pauvre défunt, prend l'air et la posture,
  Au beau milieu du grand chemin
Pour frapper les regards de l'innocent Lubin.

 Celui-ci, dès longtemps, avait conçu l'envie
  D'avoir quelque peau de renard,
  Qui lui servirait, tôt ou tard,
  A préserver du froid sa fillette Jeannie,
  Non moins modeste que jolie.
Sitôt qu'il reconnaît ce manchon qu'il l'attend,
En bénissant le ciel, de son char, il descend,
Vous saisit le défunt, au fond du char, le jette,
Et, rayonnant de joie, en marchant, tient sa bête.

 Le mort se ressuscite, encore plus content,
Egorge les poulets d'un double coup de dent,
Se hâte de croquer, tant bien que mal, la poule ;
Puis, hors du chariot, bien délicatement,
Chargé du pauvre coq, sans bruit se glisse et coule,
Emportant, à la fois, et la peau de renard,
Et le coq du village, et ces objets que l'art
Etale aux yeux ravis d'une béante foule.

 Ce récit nous apprend que le plus juste espoir
Peut se changer parfois en amer désespoir.
Il suffit, pour cela, qu'un autre, plus habile,
Tâche à nous supplanter, mû d'un pressant mobile.

———————×———— —

Deuxième Fable Bretonne

LE FERMIER, L'AGNEAU ET LE LOUP

 J'ai conté, d'un renard, le tour assez nouveau,
Et, d'un pauvre fermier, dit la mésaventure :
Je m'en vais, maintenant, non pas d'un louveteau,
Mais, d'un vieux loup, narrer la bien triste aventure.

Ce loup demeurait dans un bois
Qu'il exploitait à sa manière;
Mais, s'y prenant d'ennui, parfois,
Il allait près de la tanière
Où vivait un renard vieux, habile et matois,
Qu'à bon droit redoutait toute sage fermière.
Audacieux et vigilant,
Il allait, chaque nuit, rôdant,
Et lorsque, par malheur, la porte était ouverte,
D'un pauvre poulailler il consommait la perte.
C'était celui-là même auquel il plut un jour
D'imaginer un si bon tour.
Quand il revint avec sa proie,
Le cœur tout inondé de joie
Et fier d'un plan hardi couronné de succès,
(Qui n'a de gloriole, un jour ou l'autre, accès?)
Il attendit, non sans impatience,
L'occasion de raconter au loup
Jusqu'à la moindre circonstance
Qu'avait offerte un si beau coup.
Ce dernier-ci ne tarda guère
A venir trouver le compère,
Dont les récits fort amusants
Lui procuraient d'heureux instants.
La Poule, le Fermier, le Chariot rustique,
Le Coq faisant de la musique,
Tout, chez mon loup, excite le gros rire,
Et désormais, nuit et jour, il n'aspire
Qu'à surpasser encor la plaisante leçon
Qu'à dessein le conteur émaillait sans façon
Pour s'attirer louange ou gloire plus complète.

Le même villageois, dans la même charrette,
A quelque temps de là, couchait un Agnelet
Gras, dodu, succulent, nourri du meilleur lait,
Et digne, à tous égards, de mettre un loup en fête.

Au départ pour la ville, un bêlement plaintif
Parvint jusqu'au glouton, qui veillait, attentif.

Il accourt et le char cahin-caha chemine :
Il l'atteint ; il le suit ; il fait joyeuse mine.
Déjà, par la pensée, il croque son agneau
Qu'il eût voulu pourtant changer en jeune veau.
L'avidité rendant sa gorge impatiente,
Vite il court mettre un mort au bas d'une descente
  Qui, fort rapide, se présente.
Le fermier l'aperçoit et, se doutant du tour,
  Grâce à celui de l'autre jour,
Il va droit au défunt, sans faire aucun détour ;
De sa voiture alors simule de descendre,
Remonte,prend son fouet et pousse, à tête fendre,
Le baudet étonné, non point d'aller le trot,
Mais de prendre, une fois, le plus fougueux galop.
Le pauvre loup surpris sent la cruelle roue
  Qui vous l'écrase et vous le roue
De si rude façon que, comme agonisant
Ou jà privé de vie, à terre, il est gisant.
  Le fermier, cette fois, plus sage
  Suit son chemin, sans s'arrêter ;
  Et retrouvant, des sens, l'usage,
  Le loup se traîne, plein de rage,
  Au bois qu'il n'aurait dû quitter
  Nous apprenons par cette fable,
  Que le plan le mieux inventé
  Peut devenir fort dommageable
  Quant il est mal exécuté
  Ou qu'il se rencontre éventé.

ESSAI PINDARIQUE

Quel est ce coup fatal que la maçonnerie
  Prétend porter à l'Eternel?
Frémissante d'orgueil, de haine et de furie,
  Elle ose saper son Autel.
  Pauvres maçons, nés de poussière,
  Quittez ces plans audacieux :
  Votre chétive fourmilière
  Va-t-elle escalader les cieux?

Le pain de chaque jour, c'est Dieu qui vous le donne,
    Et vous ne le méritez pas,
Puisque vous attaquez son Auguste Personne,
    Qui franchit l'univers d'un pas :
    Il est le Roi de la nature;
    Il nous tira tous du néant;
    L'astre du jour, sa créature,
    En eut son disque étincelant.

Allez donc, dans la nuit, observer les étoiles,
    Et ce limpide firmament,
Qui, toutes, les contient, dans ses immenses voiles,
    Où l'œil se perd d'étonnement :
    Oui, contemplez l'ordre admirable
    Qui règne là, plein de beauté,
    Puis adorez, ô misérable,
    La souveraine Majesté !

D'où vient, répondez-moi, l'âme qui nous anime,
    Et ce corps, composé si beau !
Sinon de l'Immortel dont le souffle sublime
    Nous ceignit du royal bandeau?
    Ayant fait l'homme, son chef-d'œuvre,
    Dieu lui sourit d'un air joyeux :
    Mais le maçon, triste manœuvre,
    S'efforce à l'éloigner des cieux !

Pourquoi Dieu le fit-il pareil à son image?
    Pour le connaître, le servir,
L'aimer par-dessus tout et lui rendre l'hommage
    Dans le présent et l'avenir.
    L'homme accomplit sa destinée,
    Quand il célèbre son Auteur :
    Le soin de toute âme bien née,
    C'est de chérir ce Bienfaiteur.

Ces merveilles sans fin, dont la foule innombrable
    Peuple le champ de l'univers,
Sont les riches présents que sa main adorable
    Répand sous mille aspects divers :
    Le firmament et son armée;

L'aride et tous les animaux ;
La mer, de trésors, parsemée :
Furent ses jeux, non ses travaux.

Maçons, pauvres maçons, qui travaillez dans l'ombre,
Moins à fonder qu'à démolir,
Ne craignez-vous donc pas que ces débris sans nombre
Ne viennent vous ensevelir?
Quelle défense aura le sage
Contre le crime audacieux,
Qui, plus effrayant d'âge en âge,
Fait frémir la terre et les cieux !

Les appétits grossiers sont les sources du crime
Et rien ne peut les assouvir.
Parent, voisin, ami, vieillard, jeune victime,
Tout est matière et doit servir :
Là, c'est un père qu'on égorge;
Ici, l'enfant mise en morceaux,
Ou l'hôtelier pris à la gorge :
Même on profane les tombeaux !

Les mortels n'ont d'espoir qu'en la divine Grâce
Et les ravir au bon Sauveur
C'est bien leur préparer mainte amère disgrâce,
Puis les plonger dans le malheur,
Que pourront les pauvres gendarmes
Si Dieu ne règne plus sur nous?
Le fer, le feu, poisons, alarmes,
Seront notre partage à tous.

Les journaux, à l'envi, par des récits infâmes,
Vont propageant l'obscénité :
Ils se glissent partout pour corrompre les âmes,
Et poussent à la volupté.
Que ferez-vous de nos armées?
Où trouverez-vous des soldats?
Quand les âmes sont consumées,
Les corps redoutent les combats.

Maçons, reposez-vous, laissez là votre ouvrage
Et revenez à ce bercail

Où, des loups dévorants, la furieuse rage,
    N'est plus qu'un vain épouvantail.
    La mort nous guette, impitoyable,
    Et, sans respect pour l'esprit fort,
    Sa faux terrible, inévitable,
    En a bientôt tranché le sort.

Alors, ô fiers maçons, quels que soient et la loge
    Et les complots mystérieux,
De ce monde il faudra pourtant que l'on déloge
    Et que l'on compte avec les cieux.
    A ce penser le bras me tombe,
    Et c'est d'horreur comme étouffé,
    Que je considère une tombe
    Où gît quelque Orient fieffé.

En quoi l'Oint du Seigneur provoque-t-il la rage
    Qui tant vous fait écumer tous ?
La saine liberté fut son plus grand ouvrage :
    Il rendit les hommes plus doux ;
    Il leur apprit qu'ils étaient frères ;
    A Lui-même, il les fit égaux ;
    C'est au nom du meilleur des Pères,
    Qu'il promulgua ces droits nouveaux.

Il en est plus que temps, arrêtez vos ménées,
    Et n'irritez pas trop le Christ.
Entendez-vous rugir ces bandes déchaînées :
    Tremblez d'épouvante à leurs cris.
    Pâles, dérobant ces insignes
    Que voit le peuple avec terreur,
    Fuyez les traitements indignes
    Qu'il vous ferait en sa fureur.

Qui fait la guerre à Dieu prouve trop sa folie
    Et perd un temps bien précieux.
Plus sage est celui-là qui consacre sa vie
    A conquérir sa place aux cieux.
    Libre de soins, chaste, tranquille,
    Il a le front calme et serein :
    La terre, au corps, prête un asile ;
    Dieu reçoit l'âme dans son sein.

Que voulez-vous, maçons? Où tend votre phalange
    Qui marche en pleine obscurité?
Que précipitez-vous le peuple dans la fange,
    L'ivresse et la lubricité?
    Y rêvez-vous quelque avantage?
    Hélas! c'est par de tels moyens
    Que, préparant leur esclavage,
    On abrutit les citoyens.

Ah! périsse plutôt cette maçonnerie
    Qui vise à nous asservir tous,
Que les fils généreux de ma noble patrie,
    Peuple à la fois et franc et doux:
    Arrière la ligue secrète
    Qui nous enlace en ses réseaux!
    Qu'une dérision complète
    Couvre et confonde ses panneaux!

Héritiers trop heureux de la vie éternelle,
    Rejetez ces poisons mortels
Qu'épand, à pleines mains, la presse criminelle,
    Et recourez aux saints autels.
    Puisqu'ils se plaisent dans la fange,
    Qu'ils s'y vautrent à volonté!
    Pour vous, soyez rivaux de l'ange
    Et non du singe en vérité!

LA SOIRÉE

  Pourquoi la salle de mairie
N'est-elle que festons et fleurs
Où la lumière se marie
Aux plus éclatantes couleurs?
Ah! d'une fête de famille,
Ces décors forment les apprêts,
Et, miroitant, la glace brille,
Prête à réfléchir mille attraits.

  Enfin l'horloge crie et sonne,
Frappant lentement les neuf coups :
L'orchestre frémissant résonne

Et murmure un chant vague et doux.
La salle, au même instant, remplie,
Reçoit, à flots, les invités,
Et c'est à qui sera jolie
Parmi nos naissantes beautés.

La jeune fille encor timide
Quitte le coude paternel
Pour occuper la place vide
Que lui choisit l'œil maternel.
Tous les anciens font galerie ;
Les jeunes gens vont les cent pas :
A l'entour, nulle fleur flétrie
N'étale d'effrontés appas.

Le plaisir joint à l'innocence
Agite doucement les cœurs,
Et, revêtue avec décence,
Chacune a ménagé les fleurs.
Le regard pur, simple et modeste,
La jeune danseuse sourit
Au cavalier qui, vif et leste,
Suit de l'œil le doigt qui l'inscrit.

Les danses les plus variées
Font un heureux enchaînement,
Et, comme autant de mariées,
Pleines de grâce et d'enjoûment,
Les filles, belles et légères,
Glissent à pas précipités,
Ou, de vingt chaînes passagères,
Forment les anneaux enchantés.

Rivalisant de politesse
Et de goût, pour l'ajustement,
Les garçons brillent de jeunesse
Et d'un aimable empressement.
Un charme inconnu les entraine :
La nuit déjà fait place au jour,
Et la fête n'a point de reine
Qui ne soupire à son retour,

Enfin il faut qu'on se retire
Ou le soleil va survenir :
On échange un dernier sourire
Et, dans une fête à venir,
Chacun repose sa pensée,
Gravant au cœur le souvenir
D'une nuit entière passée
Dans l'innocence et le plaisir.

La rose naît, brille et se fane ;
Le plus beau jour a son déclin ;
Le ruisseau pur et diaphane
Dans les torrents se trouble enfin :
Rien ici bas, rien n'est durable ;
Tout change, passe et disparaît :
Mais un souvenir désirable
Est celui de quelque bienfait.

Pénétré de cette maxime,
Chacun se montre généreux
Et, recueillant jusqu'au décime,
On fait cent francs moins sept fois deux.
Comment-mieux clore la journée
Qu'en songeant à ces malheureux
Qui, sur leur couche abandonnée,
Souffrent d'un dénûment affreux ?

L'URNE

Je vous adresse à tort ou peut-être à raison,
Ce fruit un peu hâté de la saison nouvelle :
Celle-ci, vous savez, n'est déjà pas si belle,
Et ne m'a point permis de mûrir le melon.

Voici la première hirondelle
Qui fend les airs en s'y jouant,
Et rase les prés de son aile
Ou jette, au ciel, son cri perçant :
Et moi, l'âme calme et glacée,
Je laisse intact maint blanc feuillet
Qui, pour recevoir ma pensée,
Depuis longtemps se trouve.prêt.

Puis-je pourtant briser ma lyre
Ou la condamner au repos
Quand je vois la presse en délire
Jeter l'injure à ces héros
Qui, sous le fer et la mitraille,
Au mépris de leur propre corps,
Parcouraient nos champs de bataille
Pour recueillir blessés et morts ;
Quand la vertu se voit proscrite
Et que l'impie audacieux
Se fait honneur, gloire et mérite
De s'attaquer jusques aux cieux ?

Les insensés ! les imbéciles !
Sacrifiant l'éternité
A des plaisirs faux et fragiles,
Ils bravent toute honnêteté :
S'enfouissant dans la matière,
Et dépouillant leur dignité,
Ils consacrent leur vie entière
A rêver joie et volupté.
De là leur soif insatiable
Pour les emplois le mieux payés
Et cette chasse impitoyable
A tant de pauvres employés.
Que leur importe et la justice
Et tous les droits les mieux acquis ?
Quoi donc n'est point à leur caprice,
En ce pays, hélas ! conquis.
Mais l'a-t-il été par les armes
Et longue suite de combats ?
Non, non, Léon craint les alarmes
Que Belleville n'aime pas.

Un brin de papier assez mince
Leur sert de foudre et de canon :
Car, à Paris comme en province,
Ils en ont fait haute raison,
Grande, suprême, indiscutable :
Et voilà que la nation,

Grâce à cet engin redoutable,
Se trouve à leur discrétion.

Nouvelle boîte de Pandore,
L'urne contient foule de maux ;
Car cette fourbe qu'on abhorre
Tend, autour d'elle, ses panneaux :
La haine, la jalouse envie,
L'amour désordonné de soi,
Y prennent jour et trouvent vie,
Ainsi que la mauvaise foi.

Pareille à ces fameux oracles
Qu'allaient consulter les païens,
Elle n'accomplit ses miracles
Qu'à l'aide d'indignes moyens.
Est-il un seul vétérinaire
Qui, voyant pleine une brebis,
Pourrait, sans être téméraire,
Dire quels seront les petits ?
Ainsi, de l'urne électorale,
Qui peut donner le dernier mot,
Et dire, en thèse générale,
Si l'élu sera sage ou sot ?

Image encor de la fortune,
L'aveugle déesse du sort,
L'urne est, pour la chose commune,
Un coffret d'où la chance sort
Telle quelle, mais non pas une.
C'est, aujourd'hui, l'ambitieux ;
Demain, ce sera l'imbécile
Ou plus ou moins prétentieux ;
Une autre fois, maître Basile
Avec ses airs astucieux
Et son squelette de fossile ;
Ailleurs encor, un grand bêta
Dont maint journaliste facile
Aura fait idole ou dada.

Or, de ces urnes formidables,
(Il faut pourtant s'en avertir :)

Les maux les plus épouvantables,
D'un jour à l'autre, vont sortir.
Déjà, sur nous, s'avance et gronde
L'orage le plus menaçant :
Nos francs-maçons, faisant leur ronde,
Vont, en secret, nous pourchassant.

De la Religion sublime,
Ils se font les persécuteurs,
Et, de l'ordre le plus infime
S'attaquant à toutes hauteurs,
Au Christ ils déclarent la guerre,
Au Christ, le Sauveur entre tous,
Au Christ notre ami, notre frère,
Au Christ venu du ciel pour nous !

Qu'ils fassent de la politique ;
Qu'ils bouleversent loi sur loi :
Mais qu'au nom de l'âme publique
En paix ils laissent notre foi.
Qu'issu du singe et point de l'ange,
Puisque tel est leur bon plaisir,
Chacun d'entre eux jouisse, mange,
Et, de vins, se gorge à loisir :
Qu'au mieux ils se chargent la trogne
De rubis nés de nos écus :
Mais qu'à leur tour et sans vergogne,
Ils nous permettent les vertus,
Aimable et céleste besogne
Que le pacifique Jésus
Commande, en Maître, à ses élus.
Vit-on jamais un peuple athée?
Est singe et fou qui veut cela.
La nation épouvantée
Recule et crie : oh ! halte-là.

Or, pour reprendre un peu d'haleine,
J'arrive à la conclusion :
L'urne peut, tour-à-tour, amener, sur la scène,
Ou l'homme probe ou le fripon,
Un lièvre, un pierrot, un lion,
Même un futur Auguste, au bras de son Mécène!

LES ARGONAUTES DU XIXe SIÈCLE

ou

VOYAGE EN NOUVELLE COLCHIDE

Ah ! Paul Bert, c'est garder trop long-temps le silence,
En face de ta fourbe et de ton insolence.

Qu'es-tu, réponds. qu'es-tu, sinon un ergoteur
Dont le sens égaré se croit quelque hauteur,
Quand, guidé par l'orgueil et l'amour du mensonge,
En sophismes d'enfant, il s'arrête et se plonge.

J'ai connu des docteurs bien plus savants que toi,
Et qui tous s'honoraient du trésor de la foi.

Laënnec près de qui Paul Bert n'est qu'un pygmée;
Laënnec dont partout s'étend la renommée ;
Laënnec qui trouva le secret merveilleux
De pénétrer, à fond, des faits mystérieux
Dont, chaque jour, l'étude attentive et féconde
Découvre, aux gens de l'art, ainsi qu'un nouveau monde:
Laënnec se montra toujours religieux.

Paré dont le talent était prodigieux,
Et qui fonda, chez nous, la haute chirurgie ;
Paré, dont la prudence égalait l'énergie,
A dit : Je te pansai ; c'est Dieu qui te guérit :
Et ce mot, à bon droit, dans l'école, est inscrit.

Récamier dont Paris admirait la science,
L'esprit ingénieux, la rare intelligence ;
Récamier que son cœur, sensible et généreux,
Portait à soulager les maux des malheureux :
Récamier fut, du Christ, un disciple fidèle,
Et, de mille vertus, présenta le modèle.

Cruveilhier dont le nom, connu par l'univers,
Rappelle des travaux immenses et divers ;
Cruveilhier fondateur de cette anatomie
Qui scrute, des tissus, la trame pervertie :
Cruveilhier, du chrétien, eut la simplicité,
Ls candeur ingénue et l'aimable bonté.

Andral, le sage Andral, de pieuse mémoire,
Qui long-temps professa, non sans beaucoup de gloire :
Andral, au lit de mort, recommande à son fils
Que le barreau rangeait parmi ses érudits,
Lui recommande, dis-je, à son heure suprême,
De monrir dans la foi comme il le fait lui-même.

Je m'en tiens à ces noms de crainte d'ennuyer :
De bien d'autres, pourtant, je pourrais m'appuyer,
Des quels, la seule liste, en pages, mise entière,
De volumes nombreux, fournirait la matière.

Que sont des arguments pleins de mauvaise foi ?
L'écrivain doit, du vrai, s'imposer stsicte loi.

O Paul Bert, qui sauvait les sciences, les lettres,
Et les arts méprisés de nos premiers ancêtres ?
Qui firent, de déserts, les plus fertiles champs ?
Qui ménageaient la paix entre belligérants ?
Esclaves des faux dieux, plongés dans l'ignorance,
Les peuples se faisaient la guerre à toute outrance,
Et ce n'était partout que sièges, que combats,
Où les gens, par milliers, succombaient au trépas.
Mais qui donc mit un terme à ces fureurs guerrières
Qui les poussaient sans fin en sanglantes carrières :
Si ce n'est l'Evangile où l'Auguste Bonté,
D'un code tout divin, dota l'humanité ?
A ces faits, tous certains, que saurait-on répondre ?
Et que d'autres encor qui te viendraient confondre,
O Paul Bert dont la fausse et vaine habileté,
Du grand œuvre d'un Dieu, veut ternir la beauté.

Qu'y font les tristes fruits de l'humaine faiblesse,
Qu'en prouver clairement l'admirable sagesse.
Quelque tache en visage empreint de majesté
Peut-elle en amoindrir la sévère beauté ?

Oubliant ses bienfaits nous lui portons la guerre.
Que fermons-nous, ingrats, les yeux à sa lumière ?
A quoi bon repousser le céleste flambeau
Que le Souverain-Maître a su faire si beau ?
L'Eglise, sachons-le, c'est l'arche gigantesque

Où toute race humaine, y compris la Mauresque,
Peut, aux autres, s'unir, dans la fraternité,
L'égalité possible et saine liberté.
Qui parle de Jésus dit dévoûment suprême;
Et le chrétien, pour Dieu, donne jusqu'à soi-même.

Le monde etait assis à l'ombre de la mort,
Quand le Fils du Très-haut en vint changer le sort.
Des chaînes, des gibets, le glaive et l'esclavage
Attendaient les captifs du conquérant sauvage.

Maîtres de l'univers, les avides Romains
Pressuraient les Gaulois, les Pictes, les Germains ;
Leurs proconsuls saignaient l'Afrique et l'Ibérie;
L'Egypte s'affamait pour Rome trop nourrie ;
La Sicile, la Grèce et les riches pays
Arrosés par l'Euphrate et le fier Simoïs
S'épuisaient, gorgeant d'or la Ville insatiable,

Le luxe des habits ; les excès de la table;
Les superbes villas, les jardins enchantés
Où les trésors de l'art se voyaient transplantés ;
La fureur de jouer ; la luxure effrénée
Triomphant, tôt ou tard, de l'âme la mieux née ;
L'horreur de la fatigue et des rudes ébats
Qui préparaient les corps aux plus âpres combats ;
Tout, chez le peuple-roi, présageait sa ruine,
Quand parut, du Sauveur, la personne divine.

Il naît dans une crèche, entouré d'animaux,
Et déjà s'y résigne à partager nos maux.
Des bergers, avertis par le concert des anges,
Accourent l'adorer sous les plus simples langes.
La Vierge-Mère, en tout, se conforme à la loi,
Et Joseph les nourrit de son modeste emploi.
A douze ans révolus, l'Enfant les accompagne
Et, docile, les suit, à travers la campagne,
Pour aller, dans le Temple, adorer l'Eternel,
Ainsi que le devaient tous les fils d'Israël.

Resté seul, après eux, dans l'enceinte sacrée,
Au milieu des docteurs, il faisait son entrée.

Là, rayonnant de grave et douce majesté,
Dans la Sainte Ecriture, il porte la clarté,
Les stupéfiant tous par sa haute sagesse
Et tant de profondeur en si tendre jeunesse.

Rentré dans Nazareth, il s'y dérobe aux yeux,
Et travaille, en famille, humble, doux et pieux.
Enfin, pour obéir à son Père céleste,
Il quitte sa demeure et, haut, se manifeste.
C'est, six lustres comptés, qu'aux noces de Cana,
Il change en vin exquis l'eau qu'on distribua.
Ce fut là le signal de la bonne nouvelle
Qu'il allait proclamer de sa bouche immortelle.
Dès ce jour, sa puissance éclate à chaque pas
Aux yeux d'un peuple ému qui ne le quitte pas.
Son chemin est marqué d'étonnantes merveilles
Dont le monde jamais n'avait vu les pareilles.
Les flots bouleversés s'apaisent à sa voix ;
Il rend l'ouïe aux sourds; guéri, l'aveugle y voit.
Un jour il prend pitié d'une foule lassée,
Qu'il ne laisse qu'après l'avoir rassasiée.
Sa vie entière n'est qu'un incessant bienfait
Dont il a, pour salaire, un infâme gibet.

Ayant, jusques au bout, accompli l'Ecriture,
Il rend l'âme et son cri trouble au loin la nature.
Les rochers sont fendus, et le voile sacré,
En deux, du haut en bas, s'est soudain déchiré.
S'imaginant ouïr la voix d'un Dieu qui tonne,
La garde épouvantée en tressaille et frissonne.

Son trépas est suivi de la mise au tombeau
Où devait s'accomplir son acte le plus beau.
Se jouant des efforts de la troupe Romaine,
Il sort vivant des lieux où le gardait la haine.
Quarante jours après, au ciel, il est monté,
Resplendissant de gloire et plein de majesté.

Mais tout cela, pour Bert, est de la fantaisie,
Matière de roman, sujet de poésie :
L'œuvre du Christ se meurt, et même il a vécu :
Celui que Paul attaque est sûr d'être vaincu.

Les peuples soupiraient, attendant sa naissance.
Paul Bert, Ferry, Constans : quelle triple puissance !
Se partageant, entre eux, les soins de l'univers
Où rien, jusqu'à leurs jours, ne s'est fait qu'à l'envers,
Ils daignent, par faveur, s'occuper de la France
Où leur don-quichottismee ntrevit l'ignorance.

Que surent Aristote et Socrate et Platon ?
Fut-il quelque sagesse en Lycurgue ou Solon ?
Démosthène eut-il bien le don de la parole,
Et pourrait-il, d'un Bert, soutenir le contrôle ?
Thémistocle, Aristide et le grand Phocion :
En quoi méritaient-ils qu'on en fît mention ?
Quel astronome fut l'illustre Ptolémée ?
César s'entendit-il à conduire une armée ?
Pindare, si fameux parmi l'antiquité,
Qu'était-il cependant qu'un esprit transporté ?
Pourquoi vanter Moïse et la Sainte Ecriture
Dont l'abrégé nous fut imposé pour lecture?
Là l'homme trouve en Dieu son principe et sa fin,
Chose absurde, au possible, aux yeux du grand Darwin
Et de son sectateur Duruy l'admirable.
Le singe est, pour tous deux, l'ancêtre vénérable
Dont, sans conteste, vient le genre dit humain.
Homme ou singe a deux pieds ainsi que double main :
Le premier, du second, est donc la vraie image.
En siècle de progrès, ce serait grand dommage
Que de n'accorder pas, à cet aïeul charmant,
Le don d'aller, sans fin, en mieux, se transformant.
Quelque mauvais plaisant, d'esprit atrabilaire,
Pourrait bien hasarder un sentiment contraire
Et voir en tel aïeul l'avorton d'un crétin :
Mais on l'accablerait de grec et de latin,
Prouvant par a plus b que son intelligence
Ne saurait, d'un Darwin, comprendre la science.
Or, un tiers survenant, vous les mettrait d'accord,
En montrant que les uns et les autres ont tort :
Grands fous, s'écrierait-il, reconnaissez l'abîme
Que Dieu mit entre l'homme et le singe né mime.

Pour les admirateurs du système Darwin
Qui tend à rejeter le Principe divin,
L'homme seul, empêché par de vaines croyances,
A, jusques à nos jours, borné ses connaissances :
Mais, de tout dogme, enfin, par nous débarrassé,
Il va, dans le progrès, marcher d'un pas pressé.
Que furent Archymède et le grand Pythagore
Dont la table, au calcul, sert chaque jour encore ?
Que nous légua l'Egypte avec ses monuments
Défiant les efforts de tous nos instruments ?
Que firent Annibal, Scipion et Pompée ?
Virgile a-t-il jamais compris une épopée ?
Homère si goûté qu'a-t-il fait, après tout,
Qu'assembler quelques chants qu'il cousit bout-à-bout‘
Qu'ont laissé, dans nos mains, Racine, La Fontaine,
Un Molière et Corneille à l'âme si hautaine ?
Boileau mit-il les pieds dans le double vallon ?
Qui lirait Bossuet, Fléchier et Massillon ?
Quelqu'un se souvient-il du fougueux Lacordaire ?

Julien l'apostat, tant prôné par Voltaire,
Est seul à mériter juste admiration,
Non pourtant sans y mettre une restriction.
Fagoté, jeune encor, par le christianisme,
Il mit, à le combattre, un semblant d'héroïsme.
Qu'employa-t-il la ruse où la force eût fait tout ?
Aussi, de son dessein, ne vint-il point à bout.
Pourquoi, d'ailleurs, pourquoi, la guerre déplorable
Dans laquelle il périt sans gloire et misérable ?

Nous, Constans; nous, Ferry; nous, Cazot et Pau
Et de fourbe et d'audace, abusant de concert,   [Bert
Nous entraînons le peuple à croire l'athéïsme,
A fouler à ses pieds la fable du déïsme.
La presse nous aidant et la société,
Qui, de maçonnerie, a le nom mérité,
Nous portons forte guerre à l'exécrable Infâme
Et voulons lui ravir jusqu'à la dernière âme.

L'enfant, qu'on veuille ou non, nous sera confié,
Pour être, par nous seuls, dûment édifié.

Le laïque, en effet, sera fauteur de l'ordre
Ou, du professorat, on le fera démordre.
Ferry, maçon à poigne et frère renforcé,
En aura le concours volontaire ou forcé.
Rapide avancement gratifiera le zèle ;
Mais pleine défaveur brisera l'infidèle.
Quant à la gratuité : c'est affaire d'impôt
Où la chambre a voulu nous servir de suppôt.
Sans qu'elle coûte rien, c'est là conquête immense ;
Car tout ne se fera que sous notre influence.

Plus absolu qu'un roi, plus fier qu'un empereur,
Le superbe Orient, plein de gloire et d'honneur,
Sur un trône de fer, tenant en main la foudre,
Le marteau qui réduit les nations en poudre,
L'équerre et le niveau, magiques instruments,
Qui, des moindres hauteurs, rasent les fondements :
Le grand Orient, dis-je, et chacun le respecte !
En tout remplacera le suprême Architecte.
Adoré, comme dieu, des peuples à genoux,
Il pourra contenter sa haine et son courroux.
Malheur, trois fois malheur, à l'osé catholique
Qui fera, de sa foi, profession publique.

Maçons, heureux maçons, vous régnerez alors
Et tout sera pour vous : honneurs, places, trésors.
Voyez, déjà, voyez ! Constans a fait fortune ;
Le frère Gambetta, que tant l'on importune,
Remplirait cent fois d'or l'habit qu'il emprunta
Et même le drap fin dont on le culotta
Ce jour qu'ayant à voir un gros bonnet, de suite,
Il tremblait de brosser son étoffe un peu cuite.
Si vous portez les yeux sur l'intègre Grévy,
Lui, son frère et son gendre amassent à l'envi.
Quand la fureur de l'or s'empare de quelque âme,
Le doux soin d'acquérir seul l'éveille et l'enflamme.

De la France, ayant fait, comme un Etat conquis,
Nous en tirons, sans fin, des cigares exquis,
De l'argent, des hôtels, d'admirables campagnes,
Les plus riches vallons, bois, forêts et montagnes.

Du moment qu'on admet que vivre c'est jouir,
On est fol à lier de ne point enfouir :
Car c'est grâce aux ducats qu'on peut, exempt de cui
Prendre part aux ébats du troupeau d'Epicure !
Aussi, pour s'assurer pareil enchantement,
On ajoute au monceau d'où n'importe et comment.

Farre, meilleur maçon qu'il n'est foudre de guer:
Nous a, dans nos desseins, fort bien servis naguère.
N'est-ce point, grâce à lui, que, fiers et glorieux,
Nous revînmes vainqueurs, de maints sièges fameu
Quel gaillard ! il faudrait tout l'esprit d'un Cervante:
Pour mettre, en leur vrai jour, ses mesures savant(
Or, de son portefeuille, il est tant amoureux,
Qu'il nous offre, empressé, son concours généreux,
Sans craindre les mépris de notre brave armée,
A si triste besogne, en plein jour, condamnée.
C'est pour plaire aux maçons, non moins qu'à Ga:
Qu'il fit cette campagne où rien ne l'arrêta.   [bet:
Au diable, il enverrait toute l'aumônerie ;
A deux doigts de sa perte il verrait la patrie,
Plutôt que de lâcher cette position
Que lui fit le Génois, non sans intention.
Il fallait, à l'armée, un chef soumis, fidèle :
Et, du plat courtisan, quel plus parfait modèle,
Que celui qui voulut déshonorer Cissey,
Et, par un si beau coup, détrôner ce Sarcey,
Dont la plume sordide, en plein égout, trempée,
A répandre l'ordure, est, sans cesse, occupée.

Or, puisque nous voici tombé sur l'écrivain
Qui, dans le genre infect, s'est illustré la main,
Faisons lui, de grand cœur, compliment et louange
Pour avoir, sous des fleurs, dissimulé la fange
Dans laquelle il patauge, à plaisir, tous les jours,
Après en avoir fait ses plus chères amours !
Le proverbe l'a dit : chacun a sa marotte :
L'un aime les parfums ; l'autre les hume en crotte.
Peut-être n'est-il pas, du singe, un descendant;
Mais de l'hôte des bois qui se nourrit de gland ?

O Darwin, quel mortel n'est sujet à méprise ?
Donc ici, dans l'erreur, je puis t'avoir en prise.
Quoiqu'il ne soit, plaignons le porc ingénieux
Qui s'est fait, du scandale, appât délicieux.

Rien qui ne passe, hélas ! sur cette pauvre terre
Où tout, autour de l'homme, est merveille et mystère.
Le temps fut où quelqu'un, jaloux d'avoir un nom,
Bravait et la mitraille et le feu du canon ;
Où, sans craindre la mort et, moins encor, l'insulte,
On blâmait des soldats, ou le peuple en tumulte ;
Où, pout tout l'or du monde, on se flattait en vain
D'arracher un mot sale au plus pauvre écrivain :
Mais que tout est changé, bien plus qu'on ne le pense !
De nos jours, à foison, sans la moindre dépense,
L'on trouve des auteurs qui se font un métier
De propager le mal dans l'univers entier.
Le don de la parole et l'art de l'écriture
Leur servent à corrompre ou semer l'imposture.
C'est à qui se rendra le plus licencieux
Et le plus éhonté pour l'oreille et les yeux.

Pourquoi souiller ainsi la ville et la chaumière
De ces faits affligeants que l'on met en lumière ?
O siècle ! ô temps, ô mœurs ! s'écrierait un Caton :
Par de pareils récits, où donc nous mène-t-on ?
La vertu chancelante abandonne les âmes ;
La presse ne gémit que pour des faits infâmes ;
Le crime, chaque jour, gagne de plus en plus
Et la loi désormais prend des soins superflus.

L'avarice grandit ; la luxure foisonne ;
L'audace est en faveur ; l'innocence frissonne.
A parler franchement, l'Ordre en est enchanté ;
Car son empire ainsi va se trouver hâté.
O Sarcey, grand merci : ta plume scandaleuse
Nous aide, en nos desseins, de façon merveilleuse.
La presse a, de nos jours, des millions de voix :
La Renommée, à cent, se bornait autrefois.

Incliné vers le mal, dès la plus tendre enfance,
L'homme, aux méchants propos, accorde sa croyance.

Plus la faute est grossière, et haut le délinquant,
Plus est vif le plaisir de l'aller remarquant.
Tout scandale est cité, quand la bonne œuvre est tue
Seul donc le premier court par les champs et la rue.
Honneur à toi, Sarcey, sublime corrupteur,
Qui, de l'art des maçons, as compris la hauteur.
En brodant, du clergé, mainte triste faiblesse,
Tu t'es acquis, chez nous, des lettres de noblesse.

O Sarcey, garde bien d'éplucher les maçons,
Et d'y chercher jamais d'ordurières leçons.
Ne franchis point le seuil de nos loges secrètes
Où tu pourrais cueillir cent moissons toutes prêtes.
On peut être chez nous, voleur de grands chemins,
Adultère, impudique, amateur de gamins,
Sans qu'il te soit permis d'en faire un verbiage
Qui serait, à nos yeux, grave excès de langage.
Apprends-le, nous aimons la sombre obscurité,
Bien loin de rechercher quelque célébrité.
Respectant le secret que notre Ordre réclame,
Daube, autant que voudras, les suppôts de l'Infâme.
S'il arrivait pourtant (triste prévision!)
Qu'à ta plume il manquât enfin provision :
Jette-toi, de fureur, sur la magistrature;
Puis, n'y rencontrant plus suffisante pâture,
Prends l'armée à partie ou ceux des députés
Qui, contre nos arrêts, se montrent révoltés.
Là, sans nous offenser, exerce au mieux ta veine,
Et, de faits immoraux, fais-toi corbeille pleine.
Ne manque point, surtout, d'y mêler l'agrément
De cet attique sel qui te sert de piment
Quand tu veux relever le goût de ta salade
Mieux que ne le ferait la plus forte poivrade;
Le peuple, ainsi, par toi, contre eux tous, déchaîné,
Oubliera que, par l'Ordre, il se trouve enchaîné.
Notre chef, lui voulait du foin; nous de la paille;
Que lui faut-il de plus? Il en fera ripaille.
Alors, de l'Orient, le règne brillera,
Et chacun, prosterné, sa mule, baisera.

O trop heureux maçons, la mer est favorable :
Gambetta tient la barre, en pilote admirable.

Son poids donne, à la proue, un peu d'allégement,
Si bien qu'avec aisance, elle fend l'élément.
Cazot, Constans, Ferry : quelle triple assurance!
Pareil trio jamais se trouva-t-il qu'en France?
Mais Farre si fameux par ses brillants exploits
Qu'il est jà légendaire au pays des Gaulois,
Nous sera compagnon dans le cours du voyage.
Quel vaisseau peut se dire à l'abri du naufrage?
Or, Farre, descendant à terre le premier,
De Pallas, devant nous, tiendra le bouclier
Ou le masque effrayant d'une affreuse Gorgone
Dont l'aspect ferait fuir même Mars en personne :
Farre, dis-je, sera de l'expédition
Et nous serons en paix sous sa protection.
L'adorable Orient, tout l'Ordre maçonnique,
Constans, Ferry, Cazot et Sarcey le Cynique,
Et Paul Bert dont l'esprit, plus que facétieux,
Vous jette, effrontément, de sa poudre en pleins yeux :
Tous entreront dans l'arche ayant nom République
Pour happer leur lopin de la chose publique.
Qu'est la Californie auprès de ce pays
Où tous les meilleurs biens se pressent réunis?
Qu'on ne nous vante plus la toison d'or Colchique
Dont l'Argo ramenait la dépouille modique.

Chers frères, vous tenez un immense trésor
Que ne valut jamais Le Pactole et son or.
Ce bon peuple français, que votre secte ronge,
Dans vos lacs bien dressés, aveuglément se plonge.
Le doute incessamment bat en brèche sa foi,
Et l'Infâme bientôt n'y fera plus la loi.
La Chambre, d'un cœur gai, vous livre la famille
Pour que vous en formiez le garçon et la fille.
En dépit du droit sens et de la liberté,
On fait un monopole à l'université.
Des âmes vous allez, par elle, avoir l'empire,
Et le christianisme aux abois, râle, expire.

O ciel! Qu'avez-vous donc? D'où vient qu'épouvantés
Vous fuyez, des éclairs, les subites clartés?
Le tonnerre, en grondant, brise-t-il vos courages?

Craignez-vous ses éclats et les brûlants orages?
L'Infâme va-t-il donc, remis snr le pavois,
Ainsi qu'à Julien, vous étouffer la voix?
Allons, remettez-vous. N'avez-vous pas le nombre?
Faut-il, à votre audace, une nuit noire ou sombre
Voltaire, du grand jour, soutenant la clarté,
Y fit profession de haute impiété,
Sans oser, toutefois, nier l'Etre Suprême.
La loge a dû glaner, d'après lui, ce blasphême.
Mais, de grâce, à quoi bon, si vos cœurs chancelan
S'étonnent d'un vain bruit né de sillons brillants?
Enfants dégénérés des cryptes maçonniques,
Ne rougirez-vous pas de ces terreurs paniques?
Rentrez, alors, rentrez dans vos clans ténébreux
Et laissez vivre en paix un peuple généreux
Dont Le Christ a si bien imprégné la grande âme
Que le beau seul l'attire et que le vrai l'enflamme.

EXTRAIT

L'homme est avide de science ;
Mais à quoi bon, s'il ne craint Dieu ?
Au sage plein de suffisance
Et qui, placé sur un haut lieu,
Poursuit les astres et s'oublie,
Préfère un simple laboureur
Qui sert Dieu, l'aime et le supplie :
Fuis la louange avec horreur.

Qui se connaît, voit son néant :
En vain ma science profonde
Embrasserait au même instant
Les lois qui régissent le monde ;
En vain la soif de tout savoir
Dévorerait mon âme entière,
Si je néglige la prière
Et ne remplis point mon devoir.

Dieu jugera les actions :
Par-dessus tout, il veut qu'on l'aime.
L'étude a ses déceptions

Et son excès : homme au teint blême
Que le grand titre de penseur
Séduit par son éclat suprême,
De quoi sert ce rude labeur
A l'endroit de l'âme elle-même ?

Insensé qui se préoccupe
De soins étrangers au salut :
L'âme qu'un vain jargon occupe
Enfante un stérile tribut ;
Mais une bonne conscience,
Bien près de Dieu, nous donne accès,
Et mieux, en Lui, que des succès,
Remplit le cœur de confiance.

Pourquoi ces trésors de science
A si grands frais accumulés,
Puisque les dons mal employés
Devront peser dans la balance ?
Loin d'en avoir l'âme orgueilleuse,
Redoute un si grave fardeau :
D'une chaîne mystérieuse,
Tiens-tu, d'ailleurs, le moindre anneau ?

Si te flattant de bien comprendre,
Tu penses en savoir beaucoup,
Sache que c'est, à peine, un bout
Des choses que tu peux apprendre.
Sans t'ériger aucun autel,
Connais plutôt ton ignorance.
Oses-tu bien, pauvre mortel,
T'arroger quelque préséance,
Lorsque tant d'autres, plus que toi,
Sont possesseurs d'un vrai mérite
Et gravent dans une âme instruite
Les plus beaux secrets de la loi.

Utilement, veux-tu t'instruire ?
Aime, avant tout, l'obscurité.
A la science, on peut le dire,
Qui s'est connu puis méprisé.

Le sage pense en bien des autres,
Comme le veut la charité
Première vertu des Apôtres
D'une Divine humanité.

Pourquoi juger ce grand pécheur,
Quand tu devrais, bien au contraire,
Le ramener par la douceur ?
Qu'un fol orgueil rend téméraire !
Te crois-tu donc meilleur que lui ?
Faible roseau, l'homme est mobile
Et rompt s'il n'a Dieu pour appui;
Mais en es-tu le moins fragile ?

LA PRIÈRE PRESSANTE

Entendez-vous, cher oncle, il me faut un sonnet.
A cette forme de prière
D'une jeune et gentille mère
Que devais-je, ou me rendre ou la refuser net ?
La refuser ! Ah ! oui, quand double pistolet
Chargé de noir et de lumière
Pouvait lancer, plein de colère,
De quoi bouleverser jusqu'à mon moindre trait !

Au diable, que ne puis-je adresser ce sonnet
Dont la facture me désole !
Ta veuve, aussi bien, ô Mausole,
Te fit plus aisément un monument complet.
D'habiles ouvriers, chargés de ce projet,
Firent bientôt vivre le marbre.
De saule, il n'y manqua qu'un arbre,
Pour exprimer le deuil dans son éclat parfait.
Si, d'une illusion, je ne suis le jouet,
J'ai presque achevé ma besogne.
Que si ma chère nièce en grogne :
Ma belle, lui dirai-je, en guise de sonnet,
Agrée, en l'attendant, ce modeste couplet.

LE REPOSOIR

Hier je vis une bergère
Portant deux corbeilles de fleurs :

Moins que celles-ci, passagère,
Elle en éclipsait les couleurs.
Qu'est la Pivoine ou l'Anémone
Ou bien le Peintre au désespoir,
Au prix d'une charmante nonne
Qui rougit et le laisse voir !

AU COMTE DE CARNÉ

Breton, auprès de vous, je me viens réjouir
De vous voir directeur de haute académie.
La Bretagne m'est chère ; elle vous est amie :
Donc tous deux, à l'envi, nous la devons chérir,
Puisqu'elle est, de tous deux, la commune patrie,
En laquelle Morlaix à Quimper se marie.
Dans ces fauteuils qu'en forme il faut tant assiéger,
Depuis déjà long-temps vous vous êtes fait place.
Bertrand avait du feu ; je ne suis point de glace,
Et bâti comme lui, j'aime assez le danger.
La beauté n'y fait rien, quand il s'agit de gloire :
Esope et Du Guesclin sont là pour le prouver.
Le premier, par la fable, a grandi sa mémoire
Que le temps, si jaloux, se plaît à conserver ;
Et l'autre, dont le bras et l'extrême vaillance
Arrachaient, pied-à-pied, le pays aux Anglais,
A su graver son nom, même au cœur de la France,
Par exploits que les ans n'effaceront jamais.

Or, avec la chanson, je suis du Finistère,
Et c'est en plein Morlaix que j'ai reçu le jour,
Morlaix l'unique objet de mon constant amour,
Morlaix de qui la gloire eût tant brillé sur terre,
Sans l'affreux dénoûment du plus fatal retour :
Lui consacrant, entiers, les labeurs de ma vie,
J'aspire, pour lui seul, à palme de vainqueur,
Dussé-je n'accomplir ce souhait de mon cœur
Qu'accablé sous les traits d'une inplacable envie !

SOMMAIRE

www.ingramcontent.com/pod-product-compliance
Lightning Source LLC
Chambersburg PA
CBHW071335030726
47594CB00002B/661